U0615214

Key Concepts in Chinese Thought and Culture:
Communication Through Translation

中华思想文化术语传播工程

知行合一

中华思想文化术语课例集

主编 ◎ 李婊　刘丽华

外语教学与研究出版社
北京

图书在版编目（CIP）数据

知行合一：中华思想文化术语课例集 / 李嫄，刘丽华主编. −− 北京：外语教学与研究出版社，2024.2（2024.5 重印）
ISBN 978−7−5213−5046−3

Ⅰ. ①知… Ⅱ. ①李… ②刘… Ⅲ. ①中华文化－术语 Ⅳ. ①K203−61

中国国家版本馆 CIP 数据核字 (2024) 第 020109 号

出 版 人　王　芳
责任编辑　王　琳
责任校对　钱垂君
封面设计　彩奇风
出版发行　外语教学与研究出版社
社　　址　北京市西三环北路 19 号（100089）
网　　址　https://www.fltrp.com
印　　刷　北京捷迅佳彩印刷有限公司
开　　本　710×1000　1/16
印　　张　17
版　　次　2024 年 2 月第 1 版　2024 年 5 月第 2 次印刷
书　　号　ISBN 978-7-5213-5046-3
定　　价　58.00 元

如有图书采购需求，图书内容或印刷装订等问题，侵权、盗版书籍等线索，请拨打以下电话或关注官方服务号：
客服电话：400 898 7008
官方服务号：微信搜索并关注公众号"外研社官方服务号"
外研社购书网址：https://fltrp.tmall.com

物料号：350460001

北京市教育科学"十四五"规划 2022 年度立项一般课题"学科融合视域下中华优秀传统文化教育实践研究"（课题编号 CIDB22251）研究成果

教育部、国家语委重大文化工程"中华思想文化术语传播工程"成果

出版说明

　　"中华思想文化术语"（本书中简称"术语"）是由中华民族所创造或构建，凝聚、浓缩了中华哲学思想、人文精神、思维方式、价值观念，以词或短语形式固化的概念和文化核心词。

　　为做好中华思想文化术语的整理和传播工作，2014 年经国务院批准，设立"中华思想文化术语传播工程"（以下简称"工程"），并建立了由教育部、国家语委作为召集单位，中央编译局、中国外文局、外交部、民政部、文化部、新闻出版广电总局、国务院新闻办、新华社、中国科学院、中国社会科学院等多个部委（单位）为成员的部际联席会议机制，负责统筹协调中华思想文化术语传播工作。

　　在具体实践中，全国各地的中小学给予工程巨大的支持，其中北京第六十五中学即是其中之一。本书为北京第六十五中学从中华思想文化术语角度入手，积极推行"传统文化进校园"的课例成果，每一篇都饱含老师们的心血。结集出版后，希望能为其他学校的老师提供借鉴。

前 言

课堂涵育心灵　文化赋能发展

李　嫄

文化关乎国本、国运，教育决定未来。人才培养是建成教育强国和人才强国的重要基础，也是教育高质量发展的迫切需要。在教育教学改革不断深入推进的过程中，北京第六十五中学围绕"中华基因"的育人价值，在德育工作创新实践过程中，提出以创新传承和弘扬中华优秀传统文化的育人路径。通过课程等创新实践，培养学生创新精神和能力，推动中华文化传承、发展的同时，对新时代学校开展中华优秀传统文化育人路径进行实践探索。

高质量的教育是坚持改革创新的教育。2022 年，我校申报并获批了北京市教育科学"十四五"规划立项课题"学科融合视域下中华优秀传统文化教育实践研究"。本课题聚焦中华优秀传统文化资源在学科教学中的作用，通过发掘、统筹和整合教材中的中华优秀文化，通过学科融合的方式，形成各学科融合开展优秀传统文化教育的实践探索。在课堂实践的过程中，老师们把通过传统文化教育内容培养具有中国文化基因的时代新人这一教育目标，落到课堂实处，以中华思想文化术语为切入点，打通学科边界，发挥不同学科的教学优势，探索构建本学科教学中实施中华优秀传统文化教育的新方法、新路径。实践中形成了多个以传统文化为载体的课程创新实施案例，凸显了课堂中中华文化的教育价值。课题的实践成果，也推动了学校的教育创新发展。

本书即为课程创新实施案例的集合。这些案例不仅是老师们教育实践智慧的结晶，更是在新课程改革的路上不断探索的收获。我们体会到，探索学科融合，凸显中华文化，使学生能够深入理解和系统掌握中华优秀传统文化的思想精华，有效增强了学生对中国特色社会主义的道路自信、理论自信、文化自信和制度自信。在学习和体会中华文化的同时，老师们鼓励学生对传统文化进行创新，为促进传统文化的创造性转化和创新性发展大胆尝试。

文化育人，任重道远。在新时代，希望我们在教育改革的路上越走越好；希望中华思想、中华文化能够伴随孩子们的成长；希望我们担当使命、守正创新，赓续历史文化、谱写育人新华章。

目 录

从《兰陵王入阵曲》体会思想文化术语"勇"和"内美"

刘丽华

◎　　学科：戏剧教育
　　　学段：高一年级

◎　　中华思想文化术语

【勇】"勇"的基本含义是勇敢。"勇"作为一种德行，要求在行事之时，不畏惧困难，不计较个人利害，始终坚守道义的原则，敢于制止违背道义的行为。"勇"的表现需要基于对道德、礼法的认知与遵守。如果缺少对道德、礼法的遵守，勇敢之行就会流于好勇斗狠或铤而走险，并导致社会混乱。

【内美】内在的美好性情与品德。初见于屈原《离骚》，指先天禀赋的美德，由家族遗传及早期环境造就。与之相随的是"修能"，即初明事理后自觉自主地进行品德修养，并培养更多的才能。后来，用这一术语强调作者应该具有内在的美好性情与品德，高尚伟大的人格决定高尚伟大的文学。

◎ 课 例

一、设计思路

本课程以"中华思想文化术语戏剧化课堂"项目为依托，挑选"勇""内美"两条中华思想文化术语，运用戏剧教育这一生动、有趣的教学手段将其凝聚的中华哲学思想、人文精神、思维方式、价值观念传递给学生。让饱含深意却经过思维抽象的思想文化术语被中小学生们所理解和体验，而不仅仅是停留在背诵和记忆的层面，是本课程的目标。

戏剧教育是一种"互动体验式学习"，也是一种教育性质的戏剧活动，其在欧美、澳大利亚等地区已被广泛应用并取得显著成效。主要开展形式是根据教育需求，通过戏剧游戏、即兴创作、角色扮演、情景体验等方式，教师和学生共同融入教学情境，在互动性的体验活动中提高学生的学习兴趣和自主性，以及语言能力、文化艺术表现力、创造力、社会性能力等综合素质，同时进行艺术化的舞台呈现，除了为学生提供整体习得语言的机会，还以其独特的形式深深吸引着学生的注意力，符合学生的心理和认知特点。目前，这种教育形式已经在我国国内教育领域得到重视，并在幼儿园至中小学逐步应用，在青少年艺术及综合素质培养、传统文化传播、第二语言学习等领域取得了一定的成果。

《兰陵王入阵曲》是中国古代著名的歌舞戏，以北齐兰陵王高长恭的故事为背景。在高一年级的戏剧教育课程中，我们可以通过分析《兰陵王入阵曲》中体现的"勇"和"内美"这两个思想文化术语，引导学生深入了解中国传统文化中的英雄主义精神和人文价值观念。

二、教学背景

（一）教学内容分析

本课程的教学紧紧围绕中华思想文化术语"勇"和"内美"展开。

首先，从"勇"的角度出发，我们可以引导学生分析兰陵王在战争中的英勇表现，以及他所代表的英雄主义精神。在这个过程中，通过角色扮演等方式，学生亲身体验到了兰陵王的英勇，同时也思考了现代社会中"勇"的内涵和表现形式。

其次，从"内美"的角度出发，我们可以引导学生分析兰陵王的内心世界，以及他所代表的人文价值观念。在这个过程中，通过诗歌朗诵、音乐欣赏等方式，学生感受到了兰陵王的内心情感，同时也思考了现代社会中"内美"的内涵和表现形式。

以上课程内容的教学，不仅可以帮助学生深入了解中国传统文化中的英雄主义精神和人文价值观念，同时也可以培养学生的艺术鉴赏能力和批判性思维能力。

（二）学情分析

高一年级的学生处于青春期，在生理和心理上都经历着许多变化和挑战。在学习方面，他们可能会遇到以下情况：

学习难度加大：高一年级的课程内容比初中更为深入和广泛，需要学生具备更强的思维能力和学习能力。

学习方式转变：高一年级的学习方式与初中有所不同，需要学生逐渐适应自主学习、探究式学习等更为灵活的学习方式。

学习压力增加：高一年级的学习任务相对较重，学生需要面对更多的考试和竞争，容易感到压力和焦虑。

学习兴趣不稳定：高一年级的学生可能会对某些学科或课程失去兴

趣，需要教师引导他们发现学科的魅力和意义。

学习习惯待养成：高一年级的学生需要养成良好的学习习惯，如合理规划时间、认真做笔记、积极思考等，以提高学习效率和质量。

（三）教学目标

1. 培养学生对戏剧艺术的兴趣和欣赏能力。

2. 提高学生的表演技巧和舞台表现能力。

3. 培养学生的团队合作精神和沟通能力。

4. 增强学生的自信心和自我表达能力。

5. 培养学生解决排练演出中的突发状况的能力。

6. 培养学生的创造力和想象力。

7. 培养学生对社会和人生的观察和思考能力。

（四）课时安排

一个学期安排 14—16 次课（视实际情况而定），一周 1 次课，每次课 3 课时（40 分钟 / 课时）。

（五）教学难点重点

教学难点：

1. 理解和表现不同类型的戏剧角色，包括英雄、反派、普通人等，以及他们的内心世界和动机。

2. 分析和解读戏剧文本，包括主题、结构、语言等，以及它们的文化和历史背景。

教学重点：

1. 了解戏剧的基本元素，包括角色、情节、场景、语言等。

2. 学习不同类型的戏剧，包括悲剧、喜剧、正剧等。

三、教学过程

（一）环节一：导入情景

播放《兰陵王入阵曲》的音乐或者视频①，引导学生进入到古代战争的氛围中。教师介绍这首乐曲：可以利用图片、地图等辅助工具，讲解《兰陵王入阵曲》的历史背景和文化内涵，帮助学生更好地理解剧本的背景和主题。

（二）环节二：剧本围读②

发放《兰陵王入阵曲》的剧本③，让学生阅读并分组讨论。学生分组阅读剧本时，除了讨论其中的角色、情节、主题等元素，同时要写下自己的理解和感受。在学生阅读过程中，教师提供指导和帮助，随时解答学生的疑问；在讨论环节，鼓励学生分享自己的观点和发现，激发学生思考和探究的兴趣。

（三）环节三：角色分析

引导学生分析剧本中的角色，包括主角兰陵王和其他角色，了解他们的性格、动机、价值观等。学生通过角色扮演的方式，深入体验角色的内心世界。教师通过提问、讲解等方式，引导学生分析剧本中的角色；在角色扮演环节，学生可以自愿选择扮演某个角色，通过表演和对话，尝试理解角色的行为和言语背后的原因和动机。

（四）环节四：排练演出

学生分组排练演出《兰陵王入阵曲》。教师指导学生如何通过表演技巧和舞台表现，展现角色的性格和情感，同时强调团队合作和创新能

---

① 可使用著名民乐家柳青瑶重新创作和改编的《兰陵王入阵曲》。
② 此处借用了戏剧术语。围读，也叫剧本朗读，指在戏剧正式排练之前，导演、编剧、主演等工作人员聚在一起开会，对剧本从头至尾进行梳理的创作过程。
③ 剧本可参见外语教学与研究出版社 2021 年出版的《中国传统文化创新教学：戏剧化课堂实例（下册）》的"第五章"。

力。教师提供指导和帮助，包括表演技巧、舞台表现、团队合作等方面；在排练过程中，鼓励学生发挥想象力和创造力，对剧本进行适当的改编和创作，提高学生的创新能力；在演出前，教师组织学生进行预演和彩排，帮助学生更好地准备和表现。

（五）环节五：评价反思

在演出结束后，教师组织学生进行评价反思，包括自我评价、同伴评价和教师评价，反思自己在表演中的优点和不足，以及如何改进和提高。

时空对话：走进陶渊明的一生

李　嫄

◎　**学科：戏剧教育**
　　学段：八年级

◎　**中华思想文化术语**

【世外桃源】晋陶渊明在《桃花源记》中所描述的一个安乐而美好的地方。那里景色优美，与世隔绝，远离战乱，没有政治压迫，人们过着平等、自由、安宁、祥和、快乐而美好的生活。后喻指为人向往的美好世界或理想社会，也指脱离世俗、安乐自在的隐居之所。

【安居乐业】安定地生活，愉快地工作。"安居"，安于居所，指平平安安地生活。"乐业"，乐于本业，以自己的职守为乐，指快乐地从事自己的本职工作。形容国家、社会治理得非常好，天下太平无事，人们各得其所，各安生计，幸福快乐。它是普通民众所抱有的基本社会理想，也是有所作为的政治家、管理者所追求的社会治理的目标。作为政治理想，它体现着以民为本、注重民生的基本精神。

◎ 课 例

一、设计思路

主要从以下几个方面设计课程：

1. 介绍戏剧的基本概念：在课程开始时，向学生介绍戏剧的基本概念，如角色、情节、场景、对话等。可以通过播放经典的戏剧片段或展示戏剧图片来帮助学生理解。

2. 阅读《桃花源记》：让学生阅读陶渊明所写的《桃花源记》，并讨论其中的情节、角色和主题。可以引导学生思考桃花源与现实世界的对比，以及桃花源中的人的生活方式和价值观。

3. 创作剧本：让学生将《桃花源记》改编成戏剧剧本。在改编过程中，可以引导学生注意剧本的结构、对话和情节发展，以及如何通过角色的对话和行动来表现故事情节和主题。

4. 角色分析：让学生分析《桃花源记》中的主要角色，如桃花源中的百姓。可以引导学生思考每个角色的性格、动机和情感，以及如何通过表演来表现角色特点。

5. 排练与演出：让学生分组进行排练，并在课堂上展示排练成果。在排练和演出过程中，可以引导学生注意角色塑造、舞台动作、语言表达等方面的技巧，以及与其他演员的配合和协调。

6. 评价与反思：在演出结束后，组织学生进行评价和反思，包括对自己的表演和其他演员的表演进行评价，以及对剧本改编和演出过程中遇到的问题进行反思。通过评价和反思，学生可以更好地理解戏剧艺术的特点和创作方法。

二、教学背景

（一）教学内容分析

本课程选的《桃花源记》是中国古代文学中的经典之作。通过学习和表演这一作品，学生可以更好地了解中国传统文化，提高文化素养。《桃花源记》的故事情节生动有趣，富有想象力和戏剧性。因此也可以借此让学生更好地理解故事情节和人物性格，同时也可以激发学生的想象力和创造力。

另外，《桃花源记》的故事情节和人物角色都比较简单，对于八年级（初二）的学生来讲，适合他们进行表演。学生借此可以更好地掌握表演技巧和舞台表现能力，提高表演能力、增强自信心。此外，还可以让学生更好地理解戏剧艺术的特点和创作方法，培养学生的艺术鉴赏能力和审美能力。

（二）学情分析

初二是学生在初中阶段的一个重要转折点，他们开始接触到更深入的学科内容和更严密的思维要求。一些学生可能会感到困难，需要更多的指导和练习。

初二学生的社会心理发展也处于一个关键时期，他们开始关注自我形象和社交关系，容易受到同龄人的影响。

此外，初二学生也面临着更多的课业和考试压力，需要更好的时间管理和学习方法。一些学生可能会感到焦虑和压力，需要得到适当的心理支持和帮助。

（三）教学目标

1.培养表演能力：借助戏剧表演的训练，帮助学生提高表演技巧和表现力，让他们更加自信地在舞台上展示自己。

2.提高团队协作能力：培养学生的团队协作能力，让他们学会与他人合作，共同完成戏剧作品。

3.增强情感表达能力：培养学生学会如何表达自己的情感和思想，从而提高他们的人际交往能力。

（四）课时安排

一个学期安排 14—16 次课（视实际情况而定），一周 1 次课，每次课 3 课时（40 分钟 / 课时）。

（五）教学难点重点

教学难点：

1.帮助学生克服紧张和怯场情绪，让他们能够自信地站在舞台上表演。

2.引导学生进行团队合作，让他们学会协调和沟通，共同完成戏剧作品。

教学重点：

1.培养学生的创造性思维和表达能力，让他们能够用自己的方式进行表演和创作。

2.教授基本的表演技巧和形体训练，帮助学生提高舞台表现能力。

三、教学过程

（一）环节一：导入情景

介绍《桃花源记》的背景和主题：教师简单介绍《桃花源记》，让学生对故事有初步的了解，如，提到这是一篇描写理想社会的文章，讲述了渔夫偶然发现了与世隔绝的桃花源，看到那里的人们过着安居乐业、自给自足的生活。

展示图片或视频：教师展示与《桃花源记》相关的图片或视频，如桃花源的美景、人们在田间劳作的场景、孩子们在玩耍的场景等。这些图片或视频可以帮助学生更好地想象和感受桃花源。

引导学生思考：教师引导学生思考陶渊明借《桃花源记》所传达的理想社会的特点，以及这种理想社会在现实生活中的意义和价值。可以让学生分组讨论，分享自己的想法。

激发学生兴趣：教师通过一些有趣的活动来激发学生对戏剧课的兴趣。例如，让学生扮演《桃花源记》中的角色，进行一段简短的表演；或者让学生创作一个与桃花源相关的小故事。

（二）环节二：角色分析

介绍角色：教师先向学生介绍《桃花源记》中的主要角色（渔夫，与渔夫聊天的桃花源居民），让学生了解每个角色的身份、性格和特点，为接下来的分析做好准备。

分析角色的动机和欲望：教师引导学生进行分析，让学生更加深入地理解每个角色的内心世界和行为动机。例如，渔夫为什么要去桃花源？桃花源居民为什么要隐藏自己的身份？桃花源的管理者（假定有这么一位）制定了哪些规则？为什么要制定这样的规则？

探讨角色的内心矛盾：教师引导学生探讨，让学生更加深入地理解每个角色的心理状态和情感变化。例如，桃花源居民虽然过着安居乐业的生活，但他们也意识到自己与世隔绝，这可能会导致他们的内心产生一些矛盾和焦虑。

分析角色之间的关系：教师引导学生分析每个角色之间的关系，让学生更加深入地理解每个角色在整个故事中的作用和地位。例如，渔夫和桃花源居民之间的关系，桃花源居民和管理者之间的关系，以及渔夫和管理者之间的关系等。

角色扮演：教师分配学生扮演《桃花源记》中的某个角色。学生通过表演和对话来深入体验和理解这个角色的内心世界和行为动机，又从对角色的理解升华到对《桃花源记》的内涵和意义的理解，同时也可以提高自己的表演和表达能力。

（三）环节三：剧本围读

介绍剧本：教师向学生介绍将要围读的剧本，包括作者、背景、故事情节等。让学生对剧本有一个初步的了解和认识。

分析剧本结构：教师带领学生分析剧本的结构，包括剧本的开端、发展、高潮和结局等。让学生了解剧本的基本结构和写作技巧，为接下来的围读做好准备。

分析角色：教师引导学生分析剧本中的角色，包括角色的性格、动机、欲望等。让学生深入理解每个角色的内心世界和行为动机，以便更好地扮演这些角色。

探讨剧本主题：教师引导学生探讨剧本的主题，包括剧本所表达的思想、情感、价值观等。通过探讨，学生深入理解了剧本的内涵和意义，同时也提高了分析和表达能力。

围读剧本：在学生对剧本有了初步的了解和认识之后，教师组织学生围读。在围读过程中，学生可以轮流朗读剧本中的台词，同时也可以提出自己对剧本的理解和看法，与其他同学进行交流和讨论。通过围读剧本，学生更加深入地理解剧本的内容和角色，同时也提高了朗读和表达能力。

角色扮演：在围读剧本之后，教师组织学生进行角色扮演，通过表演和对话来深入体验和理解角色的内心世界和行为动机。通过角色扮演，学生更加深入地理解剧本的内涵和意义，同时也提高了表演和表达能力。

（四）环节四：排练演出

表演技巧：教师引导学生学习各种表演技巧，包括语音语调的变化、肢体语言的运用、情感的表达等。这些技巧可以帮助学生更好地表演剧本，提高表演的质量。

舞台设计和道具制作：教师引导学生设计舞台，制作道具，以提高学生的创造力和动手能力。同时，舞台和道具的设计也可以为表演增添色彩和气氛。

排练和演出：在排练和演出的过程中，教师引导学生不断完善自己的表演，包括角色的塑造、表演的节奏、舞台的走位等。同时，教师也可以组织学生进行观摩和评价，以提高学生的表演能力和评价能力。

反思和评价：在演出结束后，教师组织学生进行反思和评价，讨论自己的表演和创作体验，并评价其他同学的表演。这样可以帮助学生更好地理解表演的过程和评价标准，提高他们的表演和评价能力。

四、附录

◎　剧本原创（部分）

场景：科考考场

[青年陶渊明（奋笔疾书，参加考试）第一个交卷。邻桌同僚换了七八个睡姿。

考官收卷子，频频点头。青年陶渊明结束后，走出考场，被同僚叫住。

同僚： 我们生在这样一个社会，你是怎么做到心无旁骛地学习的？

青年陶渊明： 这又有何难。居住在人世间，只要心志高远，自然就会觉得所处的地方僻静了。

场景：当代教室

教师： 晋代的门阀制度，使得"上品无寒门，下品无世族"。在那种统治阶级内部互相倾轧、争执夺权十分激烈的年代，陶渊明根本无法实现自己的包袱：29 岁时他进入官场，当了江州祭酒，但不久就受不了官场的繁琐，任职不久就解职回家了。

学生： 东晋的官场又是什么样子呢？

场景：陶渊明家

[台中央两把椅子，两张桌子。陶渊明坐在椅子上看书。

画外音： "忆我少壮时，无乐自欣豫，猛志逸四海，骞翮思远翥。"
[起光。

妻子： （上台口上，坐在陶渊明旁边）唉，咱们的生活越来越穷苦，仅靠耕种田地，实在养活不了一家老小了。你出去谋个官职，也好过过日子啊！

陶渊明：（低着头）你不是知道，现在的官场上有多么险恶。我实在不想与他们同流合污。

妻子：那你也得为这个家着想啊！（说完气愤地离开）

（陶渊明的一位朋友从下台口上场，朋友正好看到陶渊明妻子离去的背影。）

朋友：陶潜，你就出去做个官吧。

陶渊明：（低头沉思，手上仍拿着书，然后抬起头）好吧，看来是没有办法了。

（二人站起来，走到前面。）

陶渊明：（背着手，看着远方）我想过恬淡的生活，现在我出去做官，是为将来隐居积攒一些衣食之资，维持生计。

朋友：你为什么不愿当官？

陶渊明：唉，我自幼修习儒家经典，儒学传授的是济世救民的思想。可是现在的官场太过黑暗，始终没办法做到。

朋友：你现在去，挣些粮食来也好啊。

（陶渊明点头。）

[收光。陶渊明和朋友从下台口上台，前场灯亮。

陶渊明：我看到那些官员争权夺利，心中十分厌恶。现在把我派到彭泽县当县令去了。

朋友：唉，不知何时才能与你再相见。一定要保重啊。

（两人握手。）

陶渊明：你也一样，平安保重。

[陶渊明从上台口下，朋友看着他，光渐收。中年陶渊明和一个跟班上台。

中年陶渊明： 翻看资料，不知为何农民们不愿意有更多的土地，一些荒芜的沼泽地也无人愿意开垦，甚至有的农户还将一些贫瘠的土地丢掉。抛荒不种，还隐匿人口，导致在籍人口远远少于实际人口。

跟班： 这样不是导致政府收税减少，官府把负担转嫁到了农民身上吗？大人，您该怎么办？

中年陶渊明：（想了一下随后站起身来）清查户口！

场景：浔阳郡丞何家

何郡丞的哥哥： 什么？陶渊明要清查户口！

管家： 是的，大人，看起来兴师动众，我们有良田数百，家中奴仆几百人，可只登记了男丁 20 名，可怎么办啊。

何郡丞的哥哥： 怕什么！我弟弟是浔阳郡的郡丞，是太守的副职。陶渊明小小的一个彭泽令能耐我何！

（话音未落，陶渊明带领衙役进入何府。）

中年陶渊明：（怒斥何府管家）把花名册拿出来，逐一核对！何家隐瞒男丁两百余名，全部带走！

小吏： 大人，郡里派了一名督邮到县里视察，正在外面等着您呢。

陶渊明： 好吧。（放书，起身往外走）

小吏： 哎，大人，督邮来了！您该换上官服，束上带子去拜见才好，怎么能穿着便服去呢？您这样有失体统，他会在郡太守面前说你的坏话的。

陶渊明：（大声喊）我宁可饿死，也不愿为了这五斗米的官俸，去向那种势利小人鞠躬作揖！

（陶渊明把身上的印绶解下来封好，回到桌子写了一封辞职信，一并交给了小吏，离开了只当了 83 天县令的彭泽县，辞官归田。）

[小吏下，陶渊明伏案写字，定点光打在他身上。

陶渊明： 归去来兮，田园将芜胡不归？既自以心为形役，奚惆怅而独悲？

画外音： 悟已往之不谏，知来者之可追。实迷途其未远，觉今是而昨非。

舟遥遥以轻飏，风飘飘而吹衣。问征夫以前路，恨晨光之熹微。

[声音越来越远，越来越小。灯光渐灭。

中国传统文化创新教学——《猎人海力布》

陈文香

◎　学科：戏剧教育
　　学段：七年级

◎　中华思想文化术语

【信】"信"的基本含义是恪守信诺、诚实不欺。"信"是为人立身需要遵守的基本道德。守信必须符合道义的原则，如果信约有悖于道义，则不能盲目追求信诺的履行。儒家特别强调两个方面的"信"：其一，是执政者应信守对百姓的承诺，百姓才会信服于政令。其二，是朋友之间应守信不欺。

【讲信修睦】崇尚诚信，谋求和睦。语出《礼记·礼运》。它是战国至秦汉之际儒家学者所描述的"大同"社会的重要特征之一。儒家认为最理想的社会应当是，天下是天下人的天下，人与人之间、国与国之间应彼此信任合作，和睦相处。后"讲信修睦"不仅成为儒家所提倡的一种伦理规范，而且成为中国文化中处理人际关系和国家关系的一个重要准则。

◎ **课　例**

一、设计思路

　　本课程以"猎人海力布"[①]的故事为主线，将中华思想文化术语"信"和"讲信修睦"中所包含的精神融入对故事的探索当中，使学生们最终创作出属于自己的戏剧剧本。

　　在当代社会，"信任"是一个内涵丰富的议题，不仅包含人与自然的信任，也包括人与人之间的信任。当信任缺失时，人们会为了自我保护建立非常多的边界；然而边界一旦成型，人们就会忽略别人的诉求。因此，从这一点出发，教师选取了"信"和"讲信修睦"两个思想文化术语，希望带领孩子们去理解"信任、倾听与表达"之间的关系并将其转化到自身的学习与生活当中。

二、教学背景

（一）教学内容分析

　　"猎人海力布"讲的是，从前有一位叫海力布的猎人，狩猎技术非常了得。他跟随着爷爷过着游牧的生活。部落每五年会举办一次狩猎比赛，海力布是众望所归的狩猎冠军。到了狩猎大赛这一天，海力布在去参加比赛的途中救下了一只狼崽。狼崽为了报答海力布，给了他一块能听懂动物说话的宝石，同时嘱咐他说：动物说的话，千万不能告诉别人，否则你就会变成石头。

　　拥有神奇的宝石后，海力布才知道族人们的狩猎为动物带来了多大

---

① 如果学生使用过人教版（部编版）五年级语文教材，则学过课文《猎人海力布》；如果学生未学过，则可以由教师先介绍"猎人海力布"的故事。

的伤害。他因此不想再打猎，遭到了爷爷和其他族人的坚决反对。海力布赌气离家出走。路上，他从动物口中得知洪水即将淹没村庄，急忙跑回家让族人们赶紧搬走。族人们不知道为了什么，所以没有人愿意离开。海力布就把整件事一五一十地告诉大家，刚说完，他就变成了石头。族人们都很伤心，他们含着眼泪，念着海力布的名字，扶着老人，领着孩子，赶着牛羊，往很远的地方走去。族人们逃过一劫，自此之后，人们都世世代代纪念海力布。

该素材与我们要探讨的核心议题"信任"有较大关联；而且，故事本身也富含趣味性与哲理性，可挖掘的内容比较多，所以教师选择此故事作为本课程的抓手。

围绕"猎人海力布"的故事创编剧本《猎人海力布》时，涉及的每一场戏，教师都在学生讨论之后再确定下来。因为课程的目的并不只是围绕海力布的故事进行排演，而是为了在剧本探索过程中，融入与青少年自身连接更紧密、更有趣的内容，以使"猎人海力布"具有现实性。我们可以把这个过程称为"故事探索"。

结束故事探索后，会确定故事大纲以及分场概括。在创编剧本过程中，学生们共分为六组，每组负责一场戏的编创。最终教师把大家的构思融合在一起。最后呈现的剧本内容里，有至少一半的内容是孩子们自行创编出来的（包括前期故事探索时的即兴表演与后期的剧本创作）。

（二）学情分析

本课对象为七年级（初一）学生。该学段的学生刚刚步入中学，对新事物的兴趣度高，创造力、表现欲都比较强，思维活跃，敢于质疑；同时，自我意识也比较强，在协同合作上表现不积极。教师还发现部分同学在课上注意力分散，容易被别的事物打扰。但从整体上看，学生在课堂中对教师布置的任务完成度较高：学生沉浸在故事中后，以小组形式开展探索基本没有困难。

（三）教学目标

1. 学生初步了解戏剧元素，熟悉戏剧教育课程模式。

2. 学生掌握简单的表演手段，并可以运用到剧目的表演当中。

（四）课时安排

一个学期安排 14—16 次课（视实际情况而定），一周 1 次课，每次课 3 课时（40 分钟 / 课时）。

（五）教学难点重点

教学难点：

1. 引导学生建立语境，并以动物保护的视角完成叙事。

2. 在剧本创编的过程中注意使学生保持不偏离大方向且遵循剧本创作原则。

教学重点：

1. 教学表演呈现时着重纠正学生的表演习惯。

2. 剧本创编过程中带领学生鉴赏成熟剧本，讲解基本创作规则。

三、教学过程

（一）环节一：打开肢体，熟悉课程模式

主要活动[①]：名字游戏、肢体感受练习。

教学产出：确定戏剧教育课上每位学生有自己的专属名字；打开身

---

① 本文所提到的"主要活动"多为戏剧教育的范式，如定格画面、思路追踪、会议等。具体可以参考外语教学与研究出版社 2021 年出版的《中国传统义化创新教学：戏剧化课堂实例（上下册）》。

体，适应通过身体表达感受。制定课堂规则，建立课堂文化，帮助学生理解与适应戏剧教育课的活动方式；带领学生熟悉彼此，营造良好的课堂氛围。

（二）环节二：创造动物的生活

主要活动：绘制地图、定格画面、思路追踪、会议。

教学产出：回顾上节课内容，借助戏剧活动创造人类与动物的冲突，增加戏剧张力，通过小组合作、角色扮演等方式建立语境，进入动物视角。借用肢体塑造创造动物居住的草原、丛林；搭建狼的洞穴；创造狼群的生活画面；创造人类在周边生活的痕迹；共同制作狼王与人类少年相遇的戏剧片段。

（三）环节三：创建人类部落生活日常

主要活动：生活圈子、墙上角色、定格画面、角色扮演、片段演绎等。

教学产出：总结动物与人类生活的两条故事线，通过小组合作、集体角色、会议、角色扮演等形式进入人类视角。创造人类部落生活的场所，完成部落的搭建和人员配置；创造人类生活画面；进入海力布视角。了解海力布的生活及前史，建立海力布与族人的关系；了解整个故事，建立完整的故事脉络，反思事件的内核。

（四）环节四：创立动物保护法

主要活动：专家的外衣、教师入戏、角色扮演、集体会议等。

教学产出：使学生"变成"特定情景中具有动物保护相关知识的专家，利用自己的专业知识完成建立动物保护法的任务[①]。随后召开集体会议。学生通过参与会议，听取资讯，策划行动，讨论解决问题的策略等方式，思考人与动物共存的准则。

---

① 可以在课前请某位或者某几位学生查询动物保护的相关法律法规，做好功课。

（五）环节五：创作剧本，剧本围读

主要活动：融合构思，确立框架。

教学产出：

1. 确定剧本主题：选择一个自己感兴趣的主题，例如友情、爱情、家庭等。

2. 创造角色：为剧本中的角色创造独特的个性和背景，让他们变得真实而有生命力。

3. 编写剧本大纲：列出剧本的主要情节和场景，以便组织思路。

4. 填充剧本细节：根据剧本大纲，为每个场景添加细节和对话，使剧本变得生动有趣。

5. 检查和修改：检查剧本文字的语法、拼写和逻辑，并进行修改，确保剧本流畅易懂。

（六）环节六：分场排练

主要活动：完成所有角色的分配，熟悉完整剧本的文本内容，完成粗排与细排。

教学产出：

1. 学生需要仔细阅读剧本，了解剧本的情节、人物、场景等，并熟悉自己的角色。

2. 学生需要分析自己的角色，了解角色的性格、情感、动机等，以便更好地扮演角色。

3. 学生需要练习表演技巧，如身体语言、声音控制、面部表情等，以提高表演质量。

4. 学生需要与其他同学（演员）合作，共同完成演出，包括分工、沟通和协调等。

5.学生需要进行多次彩排，以熟悉舞台、道具、灯光等，并打磨表演细节，以达到最佳的演出效果。

6.学生需要听取导演和其他演员的反馈，并根据反馈进行改进，以提高表演质量。

四、附录

◎　你能听见我说话吗（部分）①

【第二场】

本场梗概： 成人礼当天。有参加成人礼的孩子的家庭，都在为自家的孩子做着准备。柳芭一家，母亲柳芭在为儿子维吉缝补衣服。巴图一家，巴图因为跑到边界附近玩被父母责骂。

出场人物： 柳芭，维吉，维吉的哥哥别雅；巴图，巴图爸爸，巴图妈妈

[柳芭坐在椅子上缝衣服，维吉盘腿坐在地上，单手托着头，若有所思。

柳芭：（一边缝补衣服一边说）这可是你父亲当年参加成人礼时穿的衣服。三年前的今天，穿在你哥哥身上。今天，就要穿在你身上了。

维吉： 父亲要不是因为穿上了这件衣服，估计也不会死。

柳芭：（瞪了维吉一眼）今天是部落里的大日子，我不想跟你吵。记住你今天的身份，不该说的话别说。

（维吉不说话，柳芭示意他站起来试衣服。）

[别雅抱着两身叠得整齐的衣服上场。

别雅： 嗬，我弟穿这身衣服还挺好看，不比我差。

柳芭： 合身。他跟你们父亲年轻时候身材差不多，穿起来正正好。

别雅： 记得当初我穿的时候，您还帮我收了收肩，维吉完全不用。

（别雅看上去有点儿失落。）

柳芭：（安慰别雅）你也像父亲，你的性格更像他。

---

① 本剧本根据 "猎人海力布" 改编，名为 "你能听见我说话吗"。

（维吉穿好衣服。）

柳芭： （对着别雅）行了，你再跟弟弟说一下成人礼上的流程，交代一下需要注意什么。我去准备晚上篝火晚会需要的点心了。

[柳芭下场。

维吉： 你手里拿的什么？

别雅： 我和妈需要穿的衣服啊，你怎么连这都能忘。参加成人礼不是都得穿节日服嘛，你以为就你们接受成人仪式的人穿的不一样啊。

维吉： 你也太把成人礼当回事儿了，哥。

别雅： 怎么能不当回事儿呢？这可是咱们的荣誉啊，一辈子就这么一次。你只有接受了成人礼，才真正算得上这个部落里的一员。

维吉： 嘻，什么荣誉不荣誉的，不就是一帮老头儿定下的标准吗？我也挺纳闷儿，这些标准都怎么来的。

别雅： 说什么呢，"一帮老头儿"，那都是咱们部落的祖先、长辈！你尊重点儿。再说了，那些标准—勇敢、善良、有力量、有领导力，这不都是再好不过的品质？被人认为拥有这些品质，难道不是部落对你的认可吗？

维吉： 我没说这些品质不好，我的意思是，难道部落只认同这些是优秀的品质吗？难道无法达到其中一个就永远无法证明自己吗？难道一个善良但身体柔弱的人就无法成为合格的成人吗？

别雅： 你这……你就是拧巴，非得跟我较劲。

维吉： 我说的是事实啊。

别雅： 行了，你别说了。反正不管怎么着，你今天都得给我好好地参加成人礼。

（维吉不说话）

别雅：你还记得流程吗？

维吉：你们唱歌，我们走上祭坛，老东西拿刀子在我们的耳朵上随便割一刀，大家欢呼，篝火晚会，结束！

别雅：你再叫族长"老东西"，我非拉着母亲一起揍你不可！还有，什么叫"随便割一刀"？割的那一刀可是我们部落的图腾，那是咱们文明的象征！

维吉：知道啦，知道啦。

别雅：今天你老实点儿，不能说的话别说啊。

维吉：哎哟，你去帮妈吧，这么啰唆呢！

[别雅被推下场。

维吉：不能说的话不说，但是事儿可以做。

[维吉下场。巴图爸爸、巴图妈妈拉着巴图上场。

巴图妈妈：你是把我们的话当耳旁风吗？！

巴图：我……我们今天只是去了边界附近玩儿，又没跨过去。

巴图爸爸：还嘴硬？族长明明说了，看见好几个孩子到边界另一边去了！

巴图：那也没有我啊，我只是……只是在城墙上看了看。

巴图妈妈：你还爬上去了？！那边有狼你不知道啊！

巴图：他们有人跨过去了，但是我没有！

巴图爸爸：我还不了解你吗？你都爬上去了，还能不去那边玩儿一圈？

巴图：我真没去，不信你去问我那些朋友啊。

巴图爸爸：你们都是一伙儿的，我问能问出什么啊，不都得说自己没过去吗！

巴图妈妈：巴图，重点不在于你跨没跨过去。忘了我们之前是怎么跟你说的？在你成年之前，边界，绝不能跨过去；边界一里路以内，也不能去！我们这是为你好，你不知道狼有多凶残，它们会吃人的！

巴图： 可是大家都去了呀，就我不行，他们都笑话我。

巴图妈妈： 其他人我管不着，你是我们的儿子，你得听话。

巴图爸爸： 别人去了，你就能去了吗？你看看自己才多大岁数，再看看你这个小身板儿，万一哪天真的有狼来到边界附近，你能保证自己不吓得腿发软？还有你难道不知道今天是什么日子吗？

巴图爸爸： 成人礼是部落里最重要的日子，万一你们今天出了什么事情，所有人都要停下成人礼，去救你们！这让我们怎么交代！

（巴图哭起来）

巴图妈妈： 你看，怎么还哭上了呢？我和爸爸也是为了你好。你想想，那些狼多危险啊，当时族长带着大人们建造边界不就是为了防止狼群来部落里伤害孩子吗？爸爸妈妈不让你去边界是不想让你有危险。等你大了以后，早早参加成人礼，你就可以名正言顺地去那边啦。

巴图爸爸： 不光是能跨过去，最重要的是还能去那边打猎，就像我和你妈妈这样。那才是真本事。所以啊，你现在要加油训练自己，争取早日获得参加成人礼的资格。

[巴图、巴图爸爸、巴图妈妈下场。

中国年画主题创作

吴　薇

◎　　学科：美术
　　　学段：高一年级

◎　　中华思想文化术语

【感物】指人为外物所触动产生了创作冲动，经过构思与艺术加工，形成为文艺作品。"物"指直观可感的自然景物、生活场景。古人认为创作缘起于外界事物的感召而激起了创作欲望，文艺作品是外物与主观相结合的产物。这一术语强调了文艺创作源于生活的基本理念。

◎ **课 例**

一、设计思路

本课程以中国年画的创作，引导学生学习和理解民间美术中深厚的文化内涵，同时结合中华思想文化术语"感物"中包含的艺术创作精神将其创作思维融入中国年画创作中。在课程中启发学生理解创作源于身边的生活。本节课为课程之一。

二、教学背景

（一）教学内容分析

中国年画这一艺术形式蕴含着丰富的历史文化内涵，春节贴年画更是流传至今的中华传统节日的重要仪式。我们希望学生能够通过中国年画课程的学习，理解自己的生活与历史与文化的关系，在实现美术课程教学目标的同时，理解"感物"的内涵，增强民族自豪感和国家认同感，同时发展创新意识和创造能力，提升文化自信和文化自觉，本课程将有助于促进学生核心素养发展，落实"立德树人"的根本任务。

（二）学情分析

本课程教学的学生来自我校高一年级。经课前调研，学生对绘画有一定的造型基础和创意创新能力，同时，他们对于美的表现和情感的表达有着很浓厚的兴趣，很希望自己能够创作出有新意、有个性的作品。

（三）教学目标

以美术学科核心素养的培养统整课程内容，精选中国年画中能充分发挥美术学科育人功能的中华优秀传统文化资源，结合新课标及课程定位，构建具有时代特征的美术课程。帮助学生在传承中发展创新意识和创造能力，正确理解中华思想的精神内涵，能够达到一定深度和广度的文化理解，增强人文底蕴。

（四）课时安排

从主题思维创新、画面布局、主体创作、元素使用、纹样设计、传统色彩应用等方面对学生进行整体和分层指导。

本课程共 5 课时。具体教学内容如下：

第 1 课　岁时节令中的中国年画故事

第 2 课　中国年画主题创作

第 3 课　中国年画的装饰元素创意

第 4 课　中国年画的色彩创意

第 5 课　中国年画作品的评价与展示

（本节课例是单元中的第 2 课学习内容：中国年画主题创作。）

（五）教学难点重点

教学重点：

中国年画主题创作的创作方法。

教学难点：

在创作中如何用中华传统语境与当代语境结合表达主题。

三、教学过程

（一）环节一：创设情境 导入新课

教师组织学生观看反映北京发展的纪录片（如《从北京到北京》）片段，启发学生思考中国的发展、北京的发展、自己身边发生的变化。在与学生的互动中，引导学生特别关注片中能引起自己兴趣的画面（例如城市建筑的新旧不同特色、体育的发展、传统文化、可爱的小朋友）。

学生观看之后，讲讲在纪录片中关注到了什么，带给自己什么感受。请学生用关键词写出几个感兴趣的画面（例如城市古老的建筑、科技发展、新型的建筑、民俗风情）。

教师列出纪录片中出现的一些题材，加深学生的印象，以……故事为引，让同学感受到中华思想文化已经扎根在我们的生活中，然后导出今天新课的内容。

让我们一起在年画的创作中，用我们的绘画来表达我们对国家、对家人、对我们生活的城市最美好的祝福，祝愿我们的国家、我们的家人、我们的城市和我们自己能够秉承着自强不息、厚德载物的信念去建设我们美好的家园，也祝愿我们的家园更美好。

设计意图：引发兴趣，进入情境。关键词的记录是为之后选择主题创意做准备。

（二）环节二：新课讲解 学生探究

教师继续用截图的方式截取纪录片中的画面，引导学生找到创作中的绘画题材：

纪录片中的画面，有哪些点可以成为创作的题材呢？是想祝愿我们生活的城市、家园更美丽？还是想祝愿我们的家人在勤奋工作之中生活更幸福？或者是想祝愿我们的体育健儿取得更好的成绩？

（启发学生）如果你用年画讲述一个故事，你想用画笔去表现什么？

（寻找喜欢的主题）把同学们找的兴趣点用摄影画面呈现出来。

学生在观看纪录片时随手用关键词记录下感兴趣的画面，确定自己具体的创作题材（自己关注了什么，想做什么主题）。开始用思维导图理清脉络。

设计意图：发散思维，使用思维导图的方法，引导学生自主探究。

教师提示：

现在同学们找到了自己想创作的题材，这些素材看起来像年画吗？（出示一幅摄影画面和年画作品的对照图）

以其中1—2个内容为例，搭配年画范例，通过视觉对比，引导学生从摄影画面进入到绘画图像。通过对比观察感受到要用年画的造型特点去表现摄影中的题材。出示"童画""神画""字画"等不同风格的年画作品。

复习上节课讲到的年画主体的风格特点和造型表现方法，引导学生确定自己想使用的造型主体和风格。

学生在图中找到并确定自己喜欢的年画造型风格，写在学习单上，逐步形成自己的思维导图：确定主题—确定具体绘画题材—选择年画造型风格。

设计意图：引导学生将观察与思考始终贯穿在学习中。

教师以"童画"和"传统民居四合院"为例启发思考：

现在题材有了，素材有了，想用的年画造型风格也确定了，大家想一想接下来该做什么了。

用问题推动学生继续探究，找到下一个学习内容：构图方法。

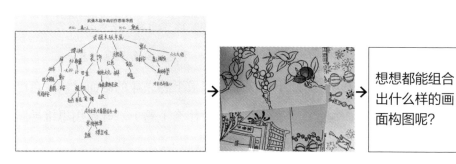

确定表现题材　　　　　　　收集素材　　　　　　　组合构图

教师提示：

是不是该想想怎么把这些组合到一起呢？

让学生用脑筋急转弯的方式，发挥创意。

（三）环节三：教师示范

教师结合新问题的提出，以"童画"和"传统民居四合院"的组合为例，展示出素材的不同组合方式，讲解构图方法（主体放在不同位置产生的效果、背景的形式）。

居中式构图　　　　　　对称式构图　　　　　　动感式构图

学生观察老师的示范，和老师一起总结方法。

设计意图：引导学生将观察与思考始终贯穿在学习中。

（四）环节四：学习实践

教师出示实践要求，鼓励学生大胆尝试。针对学生创作过程中的问题，给予指导。

学生以小组合作的方式探究各种构图形式，确定自己的构图形式。（可以是绘画草图，也可以用拼贴的方法。）

设计意图：鼓励学生大胆尝试，表达感受。

（五）环节五：展示、评价

教师组织学生小组互评，推选作品，在全班展示。以黑板和实物展台为展示平台邀请学生对自己的作品进行展示。

 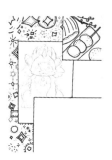  

学生根据课堂中所学知识进行自评、互评，选出自己最喜欢的构图创意。

评价要点：

1. 主体清晰：能初步掌握一种年画构图方法。

2. 符合形式美法则，会安排画面的主次关系。

3. 注意画面整体，在画面中能合理设计主体与背景的搭配。

教师要肯定学生的创意表现，鼓励同学们继续大胆进行创意，创作出有新意的作品。

设计意图：鼓励学生大胆尝试，从中体会成功的乐趣。

（六）环节六：小结升华

小结本节课学习情况，肯定学生的创作积极性，承上启下，提出新的需要探索的方向，引导学生继续思考和探索下一步如何完善作品。

四、评价

本节课学习效果评价设计。

评价要点：

1 能认识年画创作构图的基本规律。

很好（　　）一般（　　）要加油（　　）

2 能用绘画或拼贴的方法完成构图的创作。

很好（　　）一般（　　）要加油（　　）

3 能积极参与，体会到乐趣。

很好（　　）一般（　　）要加油（　　）

秦汉·形之美

惠 咪

◎　**学科：舞蹈**

　　学段：七年级

◎　**中华思想文化术语**

【中和】人心所达到的中正、和谐的状态。人的喜、怒、哀、乐等情感的活动及其在言行上的表现符合礼的要求，不失偏颇进而达到一种和谐的状态，即是"中和"。治理者如果能够体认并达到"中和"的状态，以此治理天下，天地万物就会处于端正、恰当的位置，和谐、有序，就可以实现彼此间的共同繁荣与发展。

◎ 课 例

一、设计思路

本节课依据"中和"之美这一古典审美理论，以及中国古典舞"三节六合"的身体美学理论，结合义务教育阶段学生的身心特点，将舞蹈学科与历史文物融合。具体是以"俑"为切入点，学生通过对俑造型的模仿与创作，感知"中华舞姿，千古之美"，建立正确的审美观，创造性地传承中国优秀传统文化。

二、教学背景

（一）教学内容分析

本节课的名称为"秦汉·形之美"，教学内容围绕"形之美"这一主题，以舞蹈视角对秦汉俑进行观察、模仿、探究与再创造。学生通过模仿秦汉俑的形态，感知中国古典舞"拧"的身体特点，并以此为基础创作 2—3 个秦汉风格的舞蹈造型，体会"中和"之美的中国古典审美观。

（二）学情分析

本节课为七年级（初一）学生设计。经过一学期舞蹈课的基础，学生普遍具备了身体的协调性与灵活性，可以进入风格性舞种的体验学习。学生在舞蹈基础课程中对中国古典舞已有了整体的认识，但对舞姿的认知仅是可以欣赏形态的外在美，而未能发现形成这一体态美的内在规律。因此，本节课尝试以秦汉俑为切入点，使学生模仿感知中国古典舞的形体美，并运用获得的审美体验进行再创作。

（三）教学目标

本节课通过对秦汉俑的"欣赏"建立学生的审美感知能力，通过对秦汉俑的"模仿"提高学生的身体表现能力，通过对秦汉俑舞姿的"创编"开发学生的创意表达能力。

（四）课时安排

本课例为自编教材，共 1 课时。

（五）教学难点重点

教学重点：

引导学生发现"拧"带来中国舞姿之美，运用"拧"进行创作。

教学难点：

通过体验"拧"的劲力，体会"中和"的精神气质与审美。

三、教学过程

（一）环节一：情境导入，初探秦汉

背景音乐：《风入松》①

教师展示：通过课件展示秦俑图片，特别是一个个身披战甲，挟弓挎箭的武士俑。

教师朗诵：

> 1974 年陕西临潼秦始皇陵东发掘了史无前例的惊天宝藏——秦
> 陵随葬陶制兵马俑雕塑群。8000 件兵马俑阵容齐整，且全部彩画。
> 塑造手法高度写实，可谓"致广大，尽精微"，显示出当时"王扫
> 六合，虎视何雄哉"的强盛！

教师展示：通过课件展示汉俑图片，特别是歌舞造型的汉俑，她们着长袖踏地而舞，拂袖而歌。

---

① 由青年作曲家关大洲制作，曾作为中央电视台《国家宝藏》节目的背景音乐。

教师朗诵：

与秦兵马俑的高度写实相比，汉代雕塑更加呈现出一种整体写意的风格，汉舞俑常有"翘袖折腰"的美誉，她们展示了长袖的动律之美。夸张的姿态、弯曲的线条、扭拧的身姿，呈现出女性轻盈的身体之美。

设计意图：通过流畅的画面、清晰的图片、悠扬的音乐、教师的朗诵等多种艺术形式，创设秦汉情境，引导学生置身秦汉；唤起学生全方位的感知，引导他们初步感受秦汉俑的身体体态之美。

（二）环节二：身体模仿，感知秦汉

教师请同学们动起来，充分运用身体：男生模仿秦俑的形态，女生模仿汉舞俑的形态。

学生通过身体模仿，感知秦汉舞俑的形，体会舞俑舞姿的美感。

教师提问：

通过模仿秦汉俑的造型，请大家谈谈：秦汉俑美在哪里？

参考答案：

秦俑美在挺拔；汉俑美在弯曲。

教师接着引导学生发现中国古典舞的形态美——秦俑因直立而挺拔威武；汉俑因拧倾而弯曲柔美。

设计意图：引导学生通过模仿与实践，感知体验中国古典舞的形态美，并运用身体表现中华舞姿之美。

（三）环节三：体态探究，创作舞姿

教师：请一组同学保持自己的舞蹈姿势，另一组同学注意看，细细体味：在看得见的外形下，还有一个看不见的"力"蕴含在里面，影响着他们的舞姿，那是一种什么样的力？

学生：一种对抗的力。

教师：这种对抗的力在舞蹈中被称为"拧"，是中国古典舞姿的核心，凸显出中国古典舞"三节六合"的审美。所谓"拧"即因腰部的旋扭，头、上肢与下肢依次转向不同的方向，令姿态具有拧倾之势与圆曲之美。

教师：请同学们在身体"拧"的基础上，任意改变头、脚、手的方向、位置，创编2—3个符合中国传统审美的舞姿。

设计意图：引导学生探究中国传统审美，并在此基础上创编出新的，却又具有传统意味的舞姿，运用身体传承民族舞姿之美。

（四）环节四：形之欣赏，评价总结

每位同学逐一展示自己的舞姿创作。

教师进行组织与编排，将学生的创作合成一个舞蹈小作品。

在音乐中，学生表演以秦汉俑为形象，以"拧"为元素创编的舞蹈作品。

设计意图：了解学生对中国舞姿之美的认识与掌握。同时，"表演"是舞蹈非常重要的一部分，教师要引导学生从认识美，感知美，到创造美，最终能够展示美，提升审美素养。

（五）环节五：形之升华，文化理解

学生分享创作感受、对中国古典舞体态美的认识与感受。

视频：《秦王点兵》①《相和歌》②舞蹈片段欣赏。

教师总结：

这节课我看到了男孩子运用直立体态，表现了秦俑的威武挺拔；

---

① 《秦王点兵》是由著名舞蹈编导家陈维亚编导的一支四人舞蹈。它取材于中国的秦兵马俑，围绕秦俑的英勇威武的气势展开表演。
② 《相和歌》（盘鼓舞）选自北京舞蹈学院古典舞系汉唐舞创始人孙颖所编创的舞剧《铜雀伎》经典片段。

女孩子运用身体大幅度的弯曲、夸张造型，呈现出了汉舞俑的"折腰"之美。同时，我们还运用"拧"的元素创作出了许多个符合中国"中和"之美的舞姿。在中国古典美学视阈中，身体是美学审美的基础和载体。身体的美学价值不仅在于其外在的形态和美感，更在于其内在的精神和意义。"中华舞姿，千古之美"，让我们以身体的方式记录与传扬中华民族之美。

离形得似——篮球文化衫的设计创意

田雄飞

◎　学科：美术
　　学段：高一年级

◎　中华思想文化术语

【离形得似】文艺创作描绘对象时要善于超越外形而捕捉其精神特征，达到高度真实。庄子认为生命的根本在于精神而非形体，应该忘记形体存在而让精神自由驰骋。晚唐诗人司空图借鉴这一观点，认为诗歌描绘对象也要追求神似而超越形似。这一诗歌创作理念和批评术语后来也在书法、绘画领域得到贯彻。

◎ **课 例**

一、设计思路

本课程以"为校园篮球联赛设计冠军文化衫"为主线，组织学生进行设计实践。文化衫除了要体现校园、篮球这两大元素外，还要融入中华优秀传统文化元素。在设计中如何利用元素表现自己的创意，如何表达自己的设计作品的精神内涵，是本课程要解决的主要问题。

中华思想文化术语中的"离形得似"，也是本课程要重点诠释的。因为本课程要求学生围绕"离形得似"这一艺术创意思想进行设计，分为思维发散、主题表现、思维表达、创意实践几个层面，引导学生更好地去创作文化衫。

二、教学背景

（一）教学内容分析

《离形得似——篮球文化衫的设计创意》是以为学校的篮球联赛设计冠军衫为课程主题情境，以中华优秀传统文化的现代设计创新为创作方向，鼓励学生利用"离形得似"的创意思想，综合运用多学科知识，进行艺术创新活动。引导学生在设计欣赏中开阔自己的艺术视野，在创新设计中学习和领会中华民族艺术精髓，激发学生的中华民族自信心与自豪感。

课程聚焦审美感知、艺术表现、创意实践、文化理解等核心素养，围绕思维创意、主题与素材、设计方法、色彩搭配等角度，教师和学生共同完成设计创意实践活动。

课程以篮球文化衫设计为任务驱动式主线，让学生像设计师一样去设计作品，包括寻找主题方向，从优秀作品中获得灵感，搜集中华优秀传统文化元素作为素材，融合不同的设计方法，完善设计构思和主题，进行设计实践，完成色彩应用搭配方案，撰写设计说明从而宣传自己的作品……让学生在实践中追求设计的艺术性与文化内涵的统一。

（二）学情分析

本课程教学的学生是我校高一年级的学生。他们经过初中美术课程的学习，有了一定的设计思维能力和创意创新能力；同时，他们对于新鲜、时尚的东西表现出很浓厚的兴趣，表示很希望能够设计出标新立异的作品。

（三）教学目标

通过对篮球文化衫的设计，学生掌握基本的美术知识和设计技巧，能够独立完成主题创意作品。"创意＆设计"部分以主题设计大赛为核心，让学生发现美、感受美、创造美，培养学生的创新意识、创新思维和艺术实践能力，提高美术核心素养。

（四）课时安排

这一课程共分为 5 课时，本节课是其中的第 2 课时。

1. 文化衫的思维畅想——学生根据校篮球联赛单元情景，以学校的主题进行创意发散，并通过思维导图、情景生成、问题引导等，逐步明晰自己的创作方向。

2. 文化衫的设计创意——学生在教师指导下欣赏文化衫设计中的优秀作品，从中提炼设计方法，并结合自己的创作方向绘制具有个人特色的文化衫创意草图。

3. 文化衫的设计之美——学生分为不同的设计小组进行交流讨论，然后提出对自己作品的修改意见，同时对作品进行调整、优化。

4. 文化衫的色彩——色彩是篮球文化衫设计中最关键的元素之一，教师指导学生学习从自然色彩中感受设计色彩之美，之后对文化衫作品进行色彩实践。

5. "靓"出文化衫——即展示学生的文化衫设计成果。展示评价是在班级中进行的，学生对文化衫作品进行布展，并对自己的作品撰写设计说明以宣传作品。

（五）教学难点重点

教学难点：

设计出主题明确，有创意且美观的篮球文化衫。

教学重点：

在文化衫的创意与绘制过程中，体会中华思想文化术语"离形得似"的含义。

三、教学过程

（一）环节一：情境导入

请同学们以思维导图的方式，展示自己对设计篮球文化衫的想法。

教师：

我校今年举办了篮球文化衫设计大赛，鼓励同学们参赛，获胜作品将在篮球决赛时进行展示。上节课上，大家已经有了初步的想法，现在就请同学们来展示自己的文化衫设计理念。

在同学们展示完各自的想法后，教师问："如何把自己的想法变成我们的设计作品呢？"

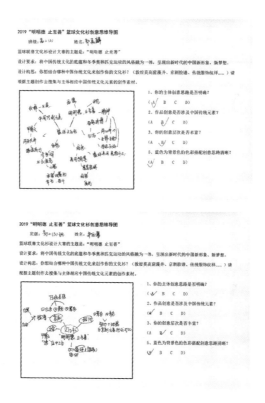

设计意图：在篮球文化衫设计大赛的情境下，学生分享自己的思维创意。如何把自己已经想到的元素落实成自己的设计是学生们面临的问题，也是本节课的难点。

（二）环节二：讲授新课

1.体会"离形得似"。

教师：

既然是篮球比赛，那么文化衫中至少要有"篮球"这一元素。那怎么能让自己的设计作品中的篮球元素变得与众不同，能体现出设计者的个人创意呢？

学生初步想象尝试设计中表现不同的篮球。

教师提供图片：

三幅图中画的都是篮球，但又各不相同。左边的设计是用一个个的"爱心"去表现篮球联赛的热情；中间的设计用到了中国传统青花纹样，以此表现中华学子的底蕴；右边的设计则是把篮球化为手指去表现比赛者的团结。

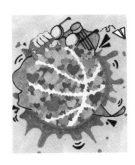

教师指导学生欣赏不同的作品，启发学生了解物象的设计表现方向。设计元素虽然是篮球，但设计时又要超越篮球的外形，在设计中捕捉篮球元素的精神特征，达到想去表达的艺术的真实。

设计意图：这一环节是设计创意的第一个阶段，从篮球出发，让学生想象篮球元素如何在设计中有不同的表现，打开学生的创意思路，让学生感受"离形得似"这一思想文化术语在设计中的妙用。

2.设计的创意方法。同学们欣赏不同的作品，感受并学习不同的设计方法。

在文化衫设计中，图形是非常重要的设计要素。富有创意的图形可以在短时间内给观者留下深刻的印象，有效地完成信息传达。教师介绍不同的图形设计：

（1）分解组合：由众多近似或相同的形象组合成一个全新的形象。

（2）置换与重构：把原有物体的重点部分用相似的图形进行嫁接或置换，打破人们的认知规律，使替代部分成为画面视觉中心和诉求重点。

（3）变异：又称渐变联想，在形象与形象之间进行联系与渐变，将对应的一方变异为其他形象，或在同一事物中将事物的一部分自然地渐变为另一事物。

（4）正负形：多用双色表现，利用正形与负形互相借用在一个特定空间，相映成趣。

为方便学生更直观地了解以上图形设计，教师可以展示相应的代表作品。学生在教师所出示的作品中找到设计方法，说一说设计者的设计创意。

设计意图：欣赏作品，找寻设计方法，并在视觉体验中感受如何利用设计方法，更好地表现自身设计的主题思想。

3. 创意的表现。教师示范文化衫设计的创意表现步骤：

（1）首先用思维导图梳理自己的创意，找出创作主线。

（2）根据创作主线，尝试手绘草图，将创意的各种可能性用简洁的笔画记录下来。

（3）确立创意，根据设计创作方法，细致推敲作品，表达自己的设计思想。

（4）完成文化衫创意草图。

设计意图：教师示范创意表现，让学生进一步了解设计的步骤与方法。通过教师示范，学生可以明确设计环节中的要求和细节，对完成设计有"法"可依。

（三）环节三：创意实践

实践要求：

1. 根据自己的创作主线，表现自己的文化衫创意草图。

2. 运用所学的设计方法，在设计中表现自己的设计思想。

3. 注意设计构图，主题突出。

教师辅导：

1. 集中辅导：文化衫创意的表达方式。

2. 个别辅导：在设计过程中表现设计思想。

设计意图：学生在实践中完成自己的初步创意草图，在实践中努力用图案去表达自己的设计主题，并完善自己的文化衫设计草图。

（四）环节四：评价总结

1. 展示评价。以黑板为展示平台，组织小型设计展。学生对自己的设计作品进行呈现。

学生根据评价要点，进行自评互评，然后教师进行点评。

评价要点：

（1）能够根据自己的创作主线，表现自己的文化衫创意草图。

（2）在作品中运用一种或几种所学的设计方法，并在设计中很好地表现自己的设计思想。

（3）设计作品构图合理，主题突出。

设计意图：学生根据本节课评价要点进行评价，对其他同学的设计草图进行评价，并在评价中进行交流讨论，更好地完善自己的设计作品。

2. 元素表现。欣赏大师的设计作品，感受细节元素魅力。

设计意图：引导学生欣赏设计大师们①的平面设计作品，感受设计的细节魅力，感受设计对主题思想的诠释。

---

① 比如日本设计大师佐藤可士和的作品。

『趣』画文人画

姚　以

◎　　学科：美术

　　　学段：高一年级

◎　　**中华思想文化术语**

【趣】指文学艺术作品中所表现的作者的志趣、情趣、意趣等。作者的"趣"决定他们对自然、人生的独特体验和理解，以及对作品主题的选择和作品的表现风格。"趣"是作品中无形的精神韵味，通过审美活动而体现出它的价值与品位高下。

【文人画】泛指中国古代文人士大夫的绘画，区别于民间的或宫廷画院的绘画，是中国画的一种。又称"士夫画""南画""南宗画"。宋代苏轼首提"士人画"，明代董其昌视唐代王维为"文人画"的创始人。文人画作者多取材于山水、花鸟、竹木等，侧重于抒发主体性灵，表达人的内心世界，间或寄托、书写对社会现实的不满与愤慨之情。文人画讲究笔墨情趣，超越形式技法，强调神韵意境。

◎ 课 例

一、设计思路

本课程以人民美术出版社高中美术教材《普通高中教科书 美术 必修 美术鉴赏》中"抒情与写意|文人画"为文化情境,围绕"绘画能够抒发胸臆、表达情感,培养审美趣味"的大观念,以"趣"为线索,引导学生结合日常生活经验鉴赏文人画。课程设置了关于"趣"的不同的探究问题:1.文人之"文趣";2.眼心手之"情趣";3.四品之"意趣";4.设色之"清趣";5.印章之"闲趣";6.装裱之"雅趣"。

本课程以学习任务驱动的方式展开教学,帮助学生了解中国传统文人画的鉴赏语言,融合语文学科的教学,引导学生体会文字在表达微妙的情绪及思想上的优势。鉴赏的目的是,最终融入自己的心性与情感,领略艺术与生活的关联,体验有"趣"的小品画创作。

二、教学背景

(一)教学内容分析

本课程所采用的教材是人美社高中美术教材《普通高中教科书 美术 必修 美术鉴赏》和《普通高中教科书 美术 选择性必修 中国书画》。以前者中"抒情与写意|文人画"为文化情境,将后者中的"翰墨情谊——书法的审美与应用""澄怀味象——中国画的意蕴与表现"两节进行综合与关联,引导学生体验文人画完整的创作过程。

(二)学情分析

课程的教学对象是我校高一学生。

学生创作思维习惯分析:"趣"思维 面对自然物象时,大部分学生习惯停留在"眼见即所得"的阶段，能够如实地对物象进行客观的描绘。而中国传统文人画是一种画中带有文人情趣、画外流露着文人思想的绘画形式，苏东坡曾说"论画以形似，见与儿童邻"（《书鄢陵王主簿所画折枝二首（其一）》），这就需要学生具有"由此及彼"的"趣"思维。

学生艺术实践经验分析："趣"实践　文人画强调诗、书、画、印相辅相成的综合意趣的表达。多数学生没有体验过中国画完整的创作过程；个别学生对书法、绘画、篆刻等表现形式有过了解，但相对单一，不能综合运用绘画、书法、篆刻等知识进行实践，尤其是不了解它们之间相互补充、映照的关系。

学生社会生活情况分析："趣"生活　多数学生对身边的生活物品没有过细致入微的观察，比如文具、日用品、家中的植物等，学生能够表述出物品大概的样子，但不能够说出具体生动的形象特征，因此也就很难用细腻的文学和绘画语言进行表达。因为观察不细致，学生往往会对身边的"美""趣"熟视无睹，从而失去了审美体验。

（三）教学目标

了解笔墨是文人画最基本的语言，体验文人画的"书写性"，探究并使用中国画笔、墨、纸、砚等工具，体会以线造型，以线传情的艺术魅力。学生能够识别身边生活物品的形式特征，分析生活物品的结构特征，最终达到可以运用中国画的工具并使用文人画的笔墨语言创作具有文人情趣的小品画，形成健康向上的审美观念和生活情趣。

（四）课时安排

本课程共 6 课时。

第1课时：文人之【文趣】

学生鉴赏中国传统文人画作品，探究其所蕴含的文人综合素养，引导学生理解文人画中所特有的文人情趣，为展开本课程对"趣"的探究做准备。

第2课时：眼心手之【情趣】

以"趣"为线索，学习眼趣、心趣、手趣递进式探究物品趣味的表现方法，体会文人画的创作过程。

第3课时：四品之【意趣】

探究中国传统绘画品评方式中"四品"所蕴含的能趣、妙趣、神趣、逸趣，请学生根据自己的个性，选择适合自己的表现方式。

第4课时：设色之【清趣】

探究画面怎样设色才能体现出文人画的"清幽"之趣，帮助学生进行小品画的设色。

第5课时：印章之【闲趣】

探究印章中的闲趣，请学生为自己的画设计闲章。

第6课时：装裱之【雅趣】

利用软件选择合适的空间装裱自己的作品，并进行展示交流。

（五）教学难点重点

教学难点：

笔墨当随时代，选用最适宜的笔法和墨法表达自己的情趣。

教学重点：

从"眼趣、心趣、手趣"递进式探究日常物品的趣味，以及"趣"的表现方法，运用文人画笔墨语言，以写生的方式创作文人小品画。

三、教学过程

（一）环节一：情境导入——引导学生快速进入有"趣"的情境

教师展示图片，图片中有一个发芽的土豆。教师通过问题串引导学生进入"趣"情境。

问题串：

问题1：在图片中你看到了什么？

问题2：是什么样的土豆？

问题3：从土豆发芽你会想到什么？

学生回答："发芽的土豆不能吃了会扔掉。""可以尝试种土豆……"当学生的惯性思维继续延展的时候，教师在黑板上写下："土豆发芽，可当花看。"

教师再次提问："看到这几个字，你的心情发生了怎样的变化？"通过这样心情状态的转变，引出本节课的线索——文人画的"情趣"。

设计意图：快速进入情境，理解文人画"画为心声"的价值追求。

（二）环节二：讲授新课——"眼趣、心趣、手趣"文人画的创作过程

1.眼趣（视觉形象之美）。学生观看《眼趣：视觉形象之美》短视频，通过镜头的移动体验蝴蝶兰所呈现的不同视觉美感：

视角①：平视远观整体

视角②：俯视近观局部花朵

视角③：仰视近观部分花枝

视角④：平视近观部分花枝

视频中，镜头拍摄视角不断变化，不同的特定角度静止后，还配有文字、印章和优美的画外音。学生体会到了何为"眼趣"。接下来引导学生欣赏齐白石的作品（如《小事不糊涂》），他的作品富有浓厚的生活气息（为后面欣赏文人画埋下伏笔）。

引导学生进行生活物品的摆放组合，进行画面的布局。

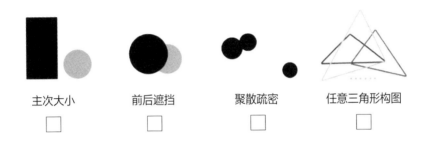

主次大小　　　　前后遮挡　　　　聚散疏密　　　　任意三角形构图
□　　　　　　　□　　　　　　　□　　　　　　　□

关注三角形构图的应用，稳定、疏密、空间等，以及形式美法则：变化与统一，节奏与韵律。

设计意图：艺术创作从生活中来，培养学生先有一双发现美的眼睛。

2.心趣（文字语言之美）。借用诗歌"比兴"手法，表达未尽之意。

跨学科主题学习1：诗歌比兴手法。

首先，请同学谈一谈什么是比兴，调动学生的语文素养，接下来和同学们一起读画，重点品读齐白石和徐渭作品中的文字，引导学生探究图像和文字各自所具有的优势（图像呈现物象；文字表达微妙情绪及思想）。

跨学科主题学习2：表达未尽之"趣"。

教师展示中国古代画家牧溪的《六柿图》、近现代画家齐白石的《小事不糊涂》、当代儿童创意画《百柿可乐》①的图片，引导学生体验不同作者背后的不同"心趣"，引导学生借用诗歌比兴手法以文字表达未

---

① https://mbd.baidu.com/newspage/data/dtlandingsuper?nid=dt_4441838896265307588

尽之"趣"，为小品画题字做准备。

设计意图：从古至今的作品品读，帮助学生相互启发，突破如何选用最适宜的语言表达自己的当下情趣的教学难点。

3.手趣（笔墨情趣之美）。"以线造型"和"书写性"是文人画重要的表现要求，物象本身没有线条，需要我们进行转化提炼。

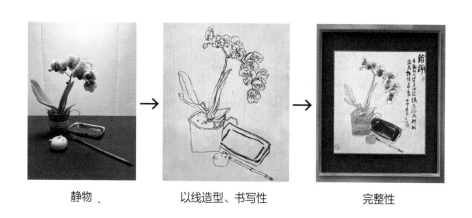

静物　　　　　　以线造型、书写性　　　　　　完整性

教师分别从"完整性"和"针对性"两个方面进行笔墨示范：

1.完整性：主要通过倍速视频播放，快速演示完整的创作过程。

2.针对性：局部放大的现场演示，强调以线造型和书写性。

设计意图：探究文人画以线造型的表现方法，为学生的笔墨实践做铺垫。

（三）环节三：学生实践

组织学生进行小品画创作实践，指导学生进行个性化创作：结合平时可以接触到的生活物品如梳子、镜子、小饰品，牛奶、饮料、小食品等，借用诗歌"比兴"的手法写作诗歌或散文，表达思想观念或心情状态，并以题字的方式写在小品画作品上。

设计意图：具有浓厚校园生活化的素材成为学生创作的第一手资

料，也是最有"个性"的素材，满足学生全面而有个性的发展需求。

（四）环节四：分享、交流与评价

师生共同分享交流自己的创作心得。

评价点：

眼趣：能选择生活中的小物品摆放组合，并在画面中进行合理的布局。

☆ ☆ ☆ ☆ ☆

心趣：能借用诗歌比兴的手法在画中题字，追求文人画"超越视觉表象"的文化精神。在作品上写出与作品契合的诗或文。

☆ ☆ ☆ ☆ ☆

手趣：能以线造型，在书写中体验笔墨趣味。

☆ ☆ ☆ ☆ ☆

设计意图：为学生提供展示的平台，提高学生的综合素养。

（五）环节五：小结、拓展提高

教师：

文人画主张抒发胸臆、表达情感。借用诗歌的"比兴"手法能够让我们用文字表达未尽之"趣"，更深入地借景抒情、寓意于物。其实诗和远方就在我们身边，我相信同学们也会更加热爱生活，热爱自然。

设计意图：在分析和表现日常生活美的过程中，形成健康审美观念。

以『意境』品味《春江花月夜》

于嗣琪

◎　学科：音乐
　　学段：八年级

◎　中华思想文化术语

【意境】指文艺作品所描绘的景象与所表现的思想情感高度融合而形成的审美境界。"境"本指疆界、边界，汉末魏晋时期佛教传入中国，认为现实世界皆为空幻，唯有心灵感知才是真实的存在，"境"被认为是人的心灵感知所能达到的界域。作为文艺术语，"境"有多重含义。"意境"由唐代著名诗人王昌龄提出，侧重指文艺作品中主观感知到的物象与精神蕴涵相统一所达到的审美高度，其特点是"取意造境""思与境偕"。相对于"意象"，"意境"更突出文艺作品的精神蕴涵与美感的高级形态，它拓展了作品情与景、虚与实、心与物等概念的应用，提升了文艺作品及审美活动的层次。后经过历代丰富发展，"意境"成为评价文艺作品水准的重要概念，是历代经典作品层累的结果，也是优秀文艺作品必须具备的重要特征。"意境"这一术语也是外来思想文化与中华本土思想融合的典范。

◎ 课 例

一、设计思路

"盖诗之格调有尽，吾人之意境日出而不穷"（周炳曾《道援堂诗序》）。本节课选择中国民族管弦乐《春江花月夜》作为教学内容。《春江花月夜》这部作品结合动与静、远与近、景与情的艺术手法，展现了春、江、花、月、夜、人六种事物错落重叠、幽美恬静的意境。此作品既具有中国古典音乐特有的朴素、典雅的神韵，又兼具江南丝竹音乐特有的亲切、玲珑的风格。《春江花月夜》蕴含八部篇章[①]，分别为：江楼钟鼓、月上东山、花影层叠、水云深际、渔歌唱晚、回澜拍岸、欸乃归舟、尾声，作品创设的美妙意境易于学生通过欣赏、体验产生联想。本课将全曲进行拆分，将中华思想文化术语"意境"中包含的精神融入教学之中，启发学生通过对音乐的聆听感知进行相应主题的意境想象，并利用具有中国特色的道具扇子或丝巾以律动或舞蹈的形式表现乐句。

二、教学背景

（一）教学内容分析

中国民族器乐作品讲究"意境"，注重人与自然的交流与交融，崇尚艺术形态中的恬淡与中和。《春江花月夜》作为第五单元[②]的一首作品且为重点欣赏曲目，其中既包括了中国古典音乐特有的朴素、典雅的神韵，又兼具江南丝竹音乐特有的亲切、玲珑的风格，具有极高的艺术价值和欣赏价值。

[①] 也有一种分法为分为十个篇章：江楼钟鼓、月上东山、风迴曲水、花影层叠、水云深际、渔歌唱晚、回澜拍岸、桡鸣远濑、欸乃归舟、尾声。
[②] 所用教材为人民音乐出版社《义务教育教科书 音乐 八年级 上册》。

作品中用优美柔婉的旋律，精巧细腻的配器，结合动与静、远与近、景与情的艺术手法，展现了春、江、花、月、夜、人这六种事物错落重叠、优美恬静的意境，体现了以"平和恬淡"为美的中国古代音乐审美特征。

该曲作为多段体，其文学标题成套，属于一种套曲化的单乐章混合曲式，但各段间的对比与独立程度不强且有一定的内在联系，其中包括：1.江楼钟鼓；2.月上东山；3.花影层叠；4.水云深际；5.渔歌唱晚；6.回澜拍岸；7.欸乃归舟；8.尾声。

（二）学情分析

八年级（初二）的学生已经有了一年的初中学习经验，熟知音乐课堂活动形式，并能较为准确地进行音乐表现及创造。学生具备了一定的识谱与写谱能力，能够听辨首调音乐，能完成简单的单音听辨与节奏听记。学生能够较为正确地演唱歌曲，但偶尔有学生由于变声期音区变化而导致演唱不准。大多数学生都能较为准确地表现歌曲的速度、力度、音色、节奏等。

（三）教学目标

审美感知：通过聆听能够加深理解琵琶这一乐器的音色特点，在复习巩固民族五声音阶及"鱼咬尾"创作手法的同时，能够了解"换头合尾"这一创作手法在音乐表现中的作用，并能通过力度、速度、音色、节奏、旋律等感受不同主题段落的变化。

艺术表现：通过聆听演唱能够感受中国民族乐器丰富的表现力，完整演唱主题旋律。

文化理解：通过赏析民族管弦乐《春江花月夜》，知道作曲家彭修文对中国民族音乐的贡献，品味乐曲所传达的传统意蕴之美。

（四）课时安排

1 课时。

（五）教学重难点

教学重点：

学生能够准确演唱主题乐段，通过不同音乐要素分辨乐曲的不同篇章，复习"鱼咬尾"的创作手法并能分辨"换头合尾"的创作手法。

教学难点：

学生能够通过赏析音乐，用音乐道具进行创编活动，丰富音乐体验。

二、教学过程

（一）环节一：吟古诗之律，引新乐导入

1. 出示古诗词《春江花月夜》（节选）：

> 春江潮水连海平，
>
> 海上明月共潮生。
>
> 滟滟随波千万里，
>
> 何处春江无月明。

此诗为唐代诗人张若虚创作的七言歌行，此诗以江为场景，以月为主体，描绘了一幅优美邈远的春江月夜图，创造了一个深沉、寥廓、宁静的艺术境界。

活动：学生读诗，分享感悟，教师进行解析。

设计意图：古诗词《春江花月夜》与本节课所学音乐作品《春江花月夜》均描述了静谧深远的江边景象。学生朗读古诗词，感受诗词中蕴含的意境之美，为乐曲的欣赏体会做铺垫，用中国古诗品味中国器乐作品，将想象中的画卷缓缓展开。

2.播放新课音乐《春江花月夜》，学生吟诵诗词。

活动①：学生在熟悉诗词、了解大意的基础上，伴随乐曲"引子"部分，有感情地吟诵诗词。

活动②：教师出示三幅图片，在诗词与旋律描绘的意境中，让学生选择哪幅图片与诗乐的画面更贴切。

设计意图：初次聆听歌曲旋律的引子部分，体会诗与乐融合的意境，并通过理解与图片进行匹配，通过视觉的冲击感受"意境"之美。

（二）环节二：分乐段赏析，感"合尾"和谐

1.再次聆听乐曲"引子"部分，听辨乐器音色。引子中的乐器有琵琶、古筝、竹笛。

活动①：教师选取琵琶曲《彝族舞曲》片段与古筝曲片段，帮助学生分辨两种乐器的音色不同，并进行总结。

设计意图：精听乐曲"引子"部分，分辨不同乐器音色，体会不同音色所营造的音响效果。

活动②：介绍中国民族管弦乐队编制，其中包括弓弦乐器组、弹拨乐器组、吹管乐器组、打击乐器组。演奏本节课乐曲的是弹拨乐器组。

设计意图：了解中国民族管弦乐队编制，认识其中包括的民族乐器。

2.作品赏析，分段聆听。

本曲共分为八个部分，包括江楼钟鼓、月上东山、花影层叠、水云深际、渔歌唱晚、回澜拍岸、欸乃归舟、尾声。

◎ 第一段：江楼钟鼓

活动①：播放"江楼钟鼓"片段，学生聆听并感受本段共分为几乐句。

设计意图：初次聆听，感受乐段音响色彩，并根据乐句感觉划分乐句。

活动②：教师演唱"江楼钟鼓"片段，在每一个乐句处换气，引导学生通过换气感受乐句，并能分辨该段共有几乐句。

设计意图：通过教师用唱名演唱"江楼钟鼓"片段，再一次加深对乐段的聆听感受，并能够通过教师范唱感知乐句。

活动③：教师演唱旋律音名，学生判断每一乐句的最后一个音与下一乐句的第一个音有何关联。

学生回答：关联为相同。

教师介绍这是"鱼咬尾"的创作手法，并提问学生："作曲家为何要使用'鱼咬尾'的创作手法？"

设计意图：将复杂的音乐进行片段拆解，把音乐知识的学习挪到演唱之后，让学生能够先感知音乐，再学习音乐。此做法可以培养学生的学习兴趣，帮助学生加深对音乐的理解。

活动④：出示此乐段五线谱，教师演唱主旋律，学生演唱每乐句首末两音，边演唱边做柯尔文手势，在学案上完成乐段最后一句填空，并能熟练演唱。

设计意图：边演唱边做柯尔文手势，加深对"鱼咬尾"创作手法的理解。最后一乐句需全体学生掌握，此乐句在每乐段的末尾都有出现，也是判断此首乐曲乐段的一大标志，在掌握的基础上可进行后续乐段的学习。

活动⑤：运用音乐道具：中国扇子和丝带。学生演唱第一乐段，教师用道具进行舞蹈动作的创编。活动结束后，师生共同从丝带飘逸的材质、动作的张弛、扇子的开合、丝带的起伏、教师的表情神态等方面体会编创中的"意境"之美。

设计意图：在"江楼钟鼓"这一乐段的学习中，通过"感知—学习—

体验"三部分全方面引导学生感受中国民族器乐曲的"意境"之美。

◎ 第二段：月上东山

活动①：聆听乐曲，教师出示谱例。学生在学案上完成每乐句第一个音与最后一个音的填空。其共性为，依然具有"鱼咬尾"的特征。

设计意图：再次巩固"鱼咬尾"的创作手法，锻炼学生乐句听音的能力。

活动②：总结此乐段与第一乐段的共同点为都具有相同的最后一乐句。本首作品中，有多个乐段都以 为结束，这种音乐的创作手法叫做"换头合尾"。

设计意图：锻炼学生对每乐段最后一句的音乐记忆能力，在能够掌握此乐句后，学生能够自行分辨每乐句，并理解"换头合尾"之意。

◎ 第三段：花影层叠

活动①：播放音频，感受其中段落的变化，中间加速的部分体现了张弛有度、动静相宜的传统意蕴之美。

设计意图：通过音乐要素节奏的变化体会音乐的情绪。

活动②：乐段的结尾与前一乐段相同，为"换头合尾"的创作手法。

设计意图：寻找段落之间的联系，认识"换头合尾"的创作手法。

美学思想："在统一中寻求变化"。

设计意图：与前面的美学思想形成对比，"换头合尾"中，统一的是"尾"，变化的是"头"。

（三）环节三：品美学思想，识大家风采

活动①：在前两个乐段的学习欣赏中，学生能够准确演唱乐句 ，并能因此分辨八个乐段。将班级同学分为八组，音乐每播放一个乐段，请相应的小组起立，并利用道具扇子、丝带进行律动。各段落的音乐发展，体现了"在变化中寻求统一，在统一中寻求变化"的中国传统美学思想。活动结束后请各小组点评哪组的同学表现得最形象。

设计意图：此环节放眼于曲子的完整性，将分散的乐段重新整合。学生能够在独立聆听欣赏音乐的基础上进行音乐意境的再创作。在交流环节中，学生互相认真观看其他同学的表演并总结规律，加深对各乐段音乐发展的理解。

活动②：此曲有众多版本，本曲为作曲家彭修文[①]修订。

设计意图：在掌握全曲后，了解作曲家彭修文。

（四）环节四：春江花月夜，人人知音情

活动①：总结本节课学习内容

意境交流：朴素典雅、优美恬静

创作特点："鱼咬尾"、换头合尾

活动②：布置作业，学生创作一首运用"鱼咬尾"的民族调式作品。

设计意图：总结本节课学习内容，布置作业巩固本节课重点。

.

---

① 彭修文：作曲家、指挥家。中国当代杰出的民族音乐人师、中国现代民族管弦乐队创始人之一。

多彩的民歌

王子君

◎　　学科：音乐

　　　学段：高一年级

◎　　中华思想文化术语

【心】"心"是人之情感、认识和价值的基础，生命的主宰。与耳、目、鼻、口等被动地感知外物不同，"心"具有思考的能力，可以辨别和整理感官所获得的材料，进行知识和道德判断。孟子认为"心"包含恻隐、辞让、羞恶、是非等四端，道德实践的核心就是保存并扩充人固有的善心。道家则认为虚静是心的根本状态，如静止之水，由此可以把握天地万物的本原。

【物】"物"一般指天地之间有形有象的一切存在，大体有三种不同含义：其一，指有形的具体存在物，包括各种自然物、人造物，也包括各种生物和人。其二，指人伦关系中发生的事务、事情，如侍奉父母、为政治国等，这个意义上的"物"相当于"事"。其三，指具体存在物或人伦事务的总和，通常称"万物"。

【感物】指人为外物所触动产生了创作冲动，经过构思与艺术加工，形成为文艺作品。"物"指直观可感的自然景物、生活场景。古人认为创作缘起于外界事物的感召而激起了创作欲望，文艺作品是外物与主观相结合的产物。这一术语强调了文艺创作源于生活的基本理念。

◎ **课 例**

一、设计思路

本课从审美感知、艺术表现、实践创造、文化理解四个方面入手，借"感物"这一思想文化术语，使学生在学习过程中体会到中国民歌中"心"与"物"的关系，从而体会民歌之美。结合中国民歌的特点，让学生理解民歌产生是由物生感、由物到心的过程。此外，围绕"心"与"物"，思考民歌作品中"动"与"静"，相互冲突、消长、转化的辩证关系。

二、教学背景

（一）教学内容分析

本单元是人民音乐出版社《普通高中教科书 音乐 必修 音乐鉴赏》第二单元，包含汉族民歌和少数民族民歌两部分内容。其中汉族民歌有《澧水船夫号子》《脚夫调》《弥渡山歌》《姑苏风光》《孟姜女》《幸福歌》六首作品和少数民族民歌《辽阔的草原》《宗巴朗松》《牡丹汗》《蝉之歌》四首作品。有些教学内容曾在小学或者初中的教材中出现过，如"号子""信天游""山歌""小调""蒙古族长短调""藏族堆谐""信天游"等，均属学生歌唱课程涉及范畴。通过汉族民歌体裁分类、各地域各民族风格特征分析，以及节拍、节奏、节奏型及演唱形式等内容的学习，学生可以在实践基础上对相关知识进行梳理和概括，从而达到感性与理性思考相结合的目标。

（二）学情分析

我校是一所普通完全中学，本节课授课对象为高一年级新生，授课内容为本单元第一课。按照区统一要求对高一年级进行了音乐学科教学前测，结果如下：第一部分得分率分别为 0.89、0.14、0.23、1、0.46、0.18、0.77、0.23、0.62、0.9、0.4、0.28、0.56、0.41、0.56。选择题得分率为 0.51，其中得分率最高题为 1，最低为 0.14。节奏听记得分率为 0.382，创作平均分为 4.13，演唱得分率 0.635。以某一班级为例，该班级共 39 人，笔试成绩优秀、良好的同学有 14 名。按照综合能力可分为四类：

A. 3—4 人，较快识谱，可准确模仿音高，熟悉节奏型与指挥图示。

B. 9—11 人，较为准确地模唱音高，识谱能力尚可，认识简单节奏型与指挥图示。

C. 10—15 人，模唱能力尚可，识谱能力较差，听记能力差，认识部分节奏型与指挥图示。

D. 6—9 人，识谱能力差，模唱能力较差，听记能力差，对节奏型与指挥图示反应较弱。

由上述分析得出以下结论：

1. 对于中国传统音乐，我校大部分学生有进一步了解的需求。

2. 对于本课民歌相关内容和知识，学生有一定的积累，但存在差异。

3. 高中学生具有一定的文化底蕴，并且有主动学习的能力和乐于接受中国传统文化的愿望。

（三）教学目标

审美感知：了解汉族民歌的体裁分类，欣赏《澧水船夫号子》《脚夫调》，思考歌曲中由物到感、由物到心的变化。

艺术表现：通过感受、体验船夫号子中的"一领众和"，掌握这种民歌体裁的表现形式。

创意实践：通过聆听感受，对部分主题、典型节奏、经典音调进行模仿，根据五声音阶进行简单创作。

文化理解：传承中华民族优秀音乐文化，探究民歌产生和发展的原因，理解作品蕴含的"感物"美学思想。

（四）课时安排

基于本单元民歌内容的多样性，本单元课程共分为 4 课时，本课是其中的第 1 课时。

1. 汉族民歌起源与发展。本课时根据民歌学习的一般规律，介绍民歌起源，欣赏汉族民歌代表作品《澧水船夫号子》《脚夫调》，实践"一领众和"演唱形式，能用"感物"这一思想文化术语理解民歌的产生和发展，并能够进行初步的创作实践。

2. 汉族民歌的地域性特征。本课时通过欣赏南方民歌《姑苏风光》等，体会"物"到"感"的变化过程。学习过程中进行旋律片段演唱，体会不同地域的汉族民歌的特点。

3. 少数民族民歌的独特风格。本课时通过欣赏《辽阔的草原》《宗巴朗松》，对比研究蒙古族"长短调"、藏族歌舞曲形式"囊玛""堆谐"等，感受"长短调""囊玛"等少数民族民歌体裁特征和民族风格。

4. 本课时通过欣赏《蝉之歌》《牡丹汗》，探讨中国民歌中"侗族大歌"的复调形式、维吾尔族音乐中的特殊调式和节奏，感受、体验其独特风格。

（五）教学难点重点

教学重点：

了解山歌、小调、劳动号子三种不同体裁的汉族民歌风格特征。

教学难点：

了解传统创作手法"同头换尾"，结合"感物"音乐思想进行创作实践。

三、教学过程

（一）环节一：情境导入

1. 音乐情境。教师播放新疆维吾尔族民歌《一杯美酒》，先不告诉学生歌名等信息。

学生听辨音乐。思考歌曲所属民族、人声类别和演唱形式。

设计意图：对前一章节人声类别、演唱形式等内容进行复习，引出民歌概念。

2. 初见民歌。教师播放音频，提问学生本段音乐的体裁（民歌）、最早的民歌总集是什么，引导学生思考民歌与创作歌曲的差异。

学生听辨音频，根据所学知识判断歌曲的民族、人声类别和演唱方式。学生回答最早的民歌总集是《诗经》，并讨论创作歌曲和民歌的不同（创作方式、作者、结构、歌词等方面）。

民歌是劳动人民在劳动、生活实践中，为了表现自己的生活，抒发自己的感情，表达自己的意志、愿望而创作的。民歌经过广泛的群众即兴编作，口头传唱。

民歌：

1. 不同民族具有本民族特色。

2. 各民族民歌旋律与该民族语言密切结合。

3. 其音乐特点常在音阶、调式、节拍等方面明显表现。

4. 通常结构短小，长篇的歌词常采用同曲重复。

民歌与创作歌曲的区别：

1. 不受专业技法支配，由人民口头创作。

2. 旋律歌词在流传过程中不断得到加工而有所变化。

3. 不借助记谱法等手段流传，而是靠口口相传。

4. 不体现个人特征，但有鲜明的民族、地方风格。

设计意图：明确民歌的特点。

（二）环节二：讲授新课

1. 教师介绍民歌的分类方式。

（1）思考如何按照地域进行民歌分类：西北、华北、东北、西南、江浙、闽粤台、湘鄂、江淮。

（2）思考如何按照体裁进行民歌分类：山歌、小调、劳动号子。

按照地域划分，实际上是按照地域风格色彩进行详细划分，宏观上可划为北方色彩区、南方色彩区、南北过渡色彩区。按照地域划分，有助于了解民歌特色形成和形成原因的关系。按照体裁划分，有助于了解民歌的社会功能和不同音乐的表现方法。

设计意图：引导学生通过人文地理已学知识理解民歌地域性特征，并掌握按照体裁划分的三个种类。

2. 分乐段学习《澧水船夫号子》。在引号、平水号子、过滩号子、平板四个乐段中，通过听、赏、辨、演等方式分段学习《澧水船夫号子》，了解、体验其音乐特点，了解"感物"理念如何贯穿歌曲创作过程的始末。

（1）引号。教师播放视频，学生欣赏引号，了解船工号子"一领众和"的演唱形式，并引导学生通过听辨和实践掌握"一领众和"的演唱形式。

学生欣赏并听辨出"一领众和"演唱形式的特点，分组进行模仿实践。

（2）平水号子。学生欣赏平水号子，教师结合劳动的过程引导学生听辨这部分音乐的节奏特点。学生根据所听典型节奏、速度特点进行概括，分两组进行"领""和"表演。

（3）过滩号子。引导学生从语言、速度、情绪的角度分析过滩号子，思考为什么在过滩号子中会有这种变化。

学生对比前两段，阐述：船只路过险滩时歌曲速度越来越快，音乐情绪逐渐高涨，歌词语言出现越来越短、以衬词为主的特点。

（4）平板号子。与过滩号子做对比，想象渡过险滩后进入平水区船工号子音乐应当有何种变化。

学生思考后从音乐的速度、节奏、旋律等方面回答。参考答案：音乐速度变缓、节奏不再密集紧凑、旋律线条变得舒展流畅等。

设计意图：分段欣赏，分析劳动号子的基本特征、演唱方式、节奏特点、歌词特点等。了解歌曲中的衬词，实践"一领众和"演唱方式，理解这一体裁民歌的产生与劳动的关系，进一步理解"感物"中的"物"与"感"，"物"与"心"之间相互作用的关系，以及对歌曲创作的影响。

3.学习陕西民歌《脚夫调》。从对脚夫这一职业的理解入手，引导学生对脚夫的生活进行了解。学生欣赏《脚夫调》，认识信天游这一音乐体裁。通过听辨音乐中的语言、乐句、旋律、调式等，感受民歌传达出的情绪，分析信天游的音乐特点，并探究《脚夫调》这首乐曲中的"感物"思想。

（1）欣赏《脚夫调》，判断民歌所属地域，划分歌曲乐句结构，找到乐句特点。学生根据所听乐段歌词语言判断该曲为陕西民歌，根据换气点划分该曲有两个乐句，根据两个乐句的对应关系分析该曲为上下两句式，并了解"同头换尾"传统创作手法。

（2）完整欣赏歌曲，找到歌词与歌曲之间的特点，分析旋律特点，得出歌曲旋律主干音在 D 和 G 上的结论，根据全曲词曲的特点得出北方山歌中换词不换调的经典特征。

（3）教师引导学生了解中国古代传统美学思想"感物"，结合所学作品分析作品中这一思想的运用。引导学生在创作实践环节由"物"生"感"，由"感"生"曲"，使学生理解这一音乐美学思想在歌曲、歌词中的具体表现方式。

（4）课堂活动：结合民歌创作过程中"感物"这一创作思想，运用"同头换尾"手法进行实践创作，并做课上交流。

设计意图：了解民歌创作的动机与过程，以及和人们生产生活相关的特点，深入理解民歌创作中"物"与"感"的辩证关系。学习传统创作手法并进行实践，进一步体验民歌创作，理解民歌地域性、群体性特征的产生原因。

（三）环节三：实践作品展示

学生用"同头换尾"的手法进行创作，并进行全班展示——演唱本人作品，讲解自己的创作动机和创作过程。

设计意图：通过对"感物"思想的理解，学生初步掌握民歌创作的思维过程。学生课上完成"同头换尾"的创作实践，形成理解、欣赏、实践、讲解的完整创作过程。

（四）环节四：课后拓展

1.收集关于中国民歌和中国传统音乐美学相关资料，探究民歌风格与所在地域自然、人文环境之间的关系。

2.进一步完善本节课的创作实践内容，填词演唱。

设计意图：分层探索，培养学生自主探究。

诗言志：拨开繁芜鉴芳馨——《离骚》

袁　慧

◎　　学科：语文

　　　学段：高二年级

◎　　**中华思想文化术语**

【诗言志】诗歌表达作者内心的志向。"志"指诗歌作品中所表达的作者的内心志向、思想，兼及情感因素。"诗言志"最先见于儒家经典《尚书·舜典》，是中国诗论的"开山纲领"（朱自清语），经过历代诗论家的演绎，其蕴涵不断得以丰富，并由此确立了中国文论关于文学特征的基本观念。

◎ 课 例

一、设计思路

本节课从分析《离骚》这首抒情长诗的内容、情感、手法入手，引导学生体悟作者屈原借诗歌传达的复杂情感和他的高尚的人格追求。重点可以突出中华思想文化术语"诗言志"在鉴赏诗歌、读懂诗人内心方面的体现，从而使学生可以有效鉴赏诗歌，体悟传统诗歌文化的魅力，提升审美鉴赏能力。

二、教学背景

（一）教学内容分析

《离骚》来自人教社部编版教材《普通高中教科书 语文 选择性必修 下册》。《离骚》是一首长篇抒情诗，是"诗言志"文化传统的经典体现。和《诗经》中的《氓》一样，诗中也有作者自述身世经历的部分：诗人将个人遭际与国家命运联系起来，表达自己的高洁志向，书写人生理想和家国情怀。相关内容可以结合学过的《屈原列传》加以学习。《离骚》属于《楚辞》。《楚辞》是我国古典诗歌源头之一，对于后世的文学创作有着深远的影响。《离骚》文本本身有一定的难度，主要在于生僻字较多，香草美人手法的运用集中，这是古典诗歌含蓄言志的开端。考虑到难度，本套教材将它移到了选择性必修阶段。文本繁复的意象、回旋复沓的表达、独特的节奏韵律都使得文本理解难度增加，而这些恰恰是诗歌本身不可忽视的魅力。需要老师设计好教学环节，带着学生由已知看未知，化繁为简，感知诗歌魅力，体验作者深厚真切的情感，提升审美鉴赏能力；在理解文本的基础上，思考屈原及其作品呈现的民族精神、传统文化，培养学生文化理解与传承的学科素养。

（二）学情分析

高二下学期，学生已经有了一定的古典诗词阅读和鉴赏的经验，对于古典诗词阅读也有一定的兴趣。但通过调查、访谈发现，《离骚》是学生觉得最难的篇目，但教师也欣喜地发现，一些学生也因此更愿意通过课堂学习去读懂作品。如何通过教学设计消除学生畏难情绪，借助"诗言志"的传统来设计教学，满足学生学习期待，就成了顺利实施课堂教学的关键问题。

（三）教学目标

1.通过诵读、诗文结合等方式，理解诗歌内容，梳理作者情感。

2.通过鉴赏重要的语句，培养鉴赏、评价古诗文的能力。

3.通过对作者情感、形象的分析，感受作者爱国忧民的情感及为追求理想虽九死而不悔的精神。

4.通过对《离骚》之美的分析，培养文化理解与传承的能力。

（四）课时安排

3课时。

第1课时：环节一、环节二。

第2课时：环节三。

第3课时：环节四、环节五。

（五）教学难点重点

教学重点：

1.通过诵读、诗文结合等方式，理解诗歌内容，梳理作者情感。

2.通过鉴赏重要的语句，培养鉴赏、评价古诗文的能力。

教学难点：

1.通过对作者情感、形象的分析，感受作者爱国忧民的情感及为追求理想虽九死而不悔的精神。

2.通过对《离骚》之美的分析，培养文化理解与传承的能力。

三、教学过程

（一）环节一：导入情景

《离骚》是开启浪漫主义文学先河的优秀诗篇，是伟大的艺术，是美的无尽藏，是诗人言说志向的诗意体现。

课前做的调研显示，同学们的直观感受是这样的：

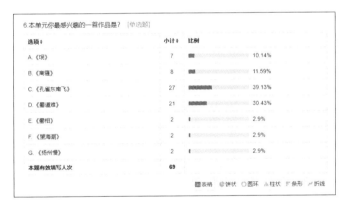

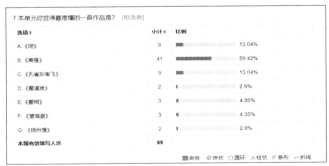

教师鼓励：

歌德说："优秀的作品无论你怎样去探测它，都是探不到底的。"我们一起想办法，攻坚克难，去探测这篇优秀作品的无穷魅力，寻求真的启迪、善的激励、美的享受，读懂诗人含蓄言传的心志！

（二）环节二：扫除障碍读《离骚》，知诗人之志

通过预学作业引导学生熟悉诗歌内容，尝试理解诗歌含义和作者情感：

1. 根据注解，通过听读、快读、反复诵读等方式熟悉诗歌内容。

2. 根据学案，尝试理解诗歌含义及作者情感、志向。

完成学案（见附录）"《离骚》芳草知多少"和"《离骚》雅饰我知道"等内容，化解阅读难点。

通过文中直接抒情句子摘抄、文中疑难句子勾画等方式，尝试理解作者的情感和志向。

（三）环节三：诗文对应解《离骚》，品诗人之志

继续学案推进，化难为易，借助《屈原列传》，化繁为简。

表格详见附录。

（四）环节四：从诗到人赏《离骚》，鉴诗人之志

从对诗歌的分析到对作者的理解：探讨《离骚》难读的原因——体味作者传达的情感——鉴赏作者运用的写作手法

1. 分析难懂的原因

——作者使用了部分南方方言；

——当时的历史背景；

——诗中涉及的神话、风物；

——诗歌篇幅较长，共有 2477 字，373 句；

......

总结：《离骚》是带有自传性质的长篇政治抒情诗，解读时要综合作者生平、当时的政治事件等因素；此外，诗歌中涉及的神话色彩、事件叙写以及情节具有超现实意味和主观想象成分，也增加了理解的难度。

2. 体味作者传达的情感和志向

直接抒情的句子：_____

含蓄传达情感的句子：_____

3. 鉴赏作者运用的写作手法

香草美人的象征、虚实结合。

从对诗歌的分析到对作者的理解：作品中可见的屈原的品格与精神。

问题：作者在不断反思反省自己，但他知"错"而改了吗？

品格：对自身身份的认同与珍惜，对民生的关注与痛心，对国君的忠诚，对国家的热爱……

精神：矢志报国、高洁自守、为理想为信仰上下求索、为品格为追求至死不悔……

（五）环节五：以诗化心传《离骚》，承诗人之志

由对文本的分析到文化的传承，体验并传承《离骚》之美：精神崇高之美、情感悲壮之美、艺术独创之美……

小组讨论（分组选题讨论或小组选 1—2 个问题讨论）：

经过分析解读，你对《离骚》的认识发生了哪些变化？

关于《离骚》之美，你有哪些发现？分类、举例解读。

人们对《离骚》之美有很多评价，你对此有没有质疑？说说你的想法。

你觉得《离骚》的诗意和屈原的精神品格之美怎样可以融入我们生活？如何继承绵延？

（六）环节六：作业设计

1. 必选作业（巩固类）：

根据自己的能力，从单元作业（七项）中至少选一项完成。

凝心静气写诗篇——选一首或一段诗完成一幅书法作品，软硬笔皆可。

含英咀华读诗篇——选一首诗配乐完成诵读音频或视频（推荐平台："为你读诗""为你诵读"）

诗情画意绘诗篇——选一首或一段诗完成图文并茂的小报。

真情挚爱写推荐——选一首诗写出你的推荐语，100 字左右。

心动一句做书签——选最打动你的一两句诗，制作成书签，以备交换。

独出心裁写诗评——选你喜欢的一首诗歌，选择合适的角度写诗歌短评或品评文章。

诗意绵延做改编——选你喜欢的一首诗歌，改编成现代诗、故事、舞蹈、剧本等。

2. 自选作业（提升类）：

尝试用骚体诗的体裁创作诗句。

四、附录

◎ **诗言志：拨开繁芜鉴芳馨**
　　　——《离骚》学案

班级：　　　　　　　　　　姓名：

预学作业：

1.扫除障碍读《离骚》，知诗人之志。

（1）根据注解及范读，自己选择听读、快读、诵读等方式读《离骚》，把音频发给老师。

（2）阅读诗歌及注解，完成学案，尝试理解诗歌含义及作者的情感、志向。

《离骚》难读难写字词整理：

_____

_____

_____

《离骚》芳草知多少：

名称								
含义								

《离骚》雅饰我知道：

名称								
含义								

摘抄文中直接抒情句子，概括作者的情感和志向：

_____

_____

_____

勾画文中疑难句子，尝试理解作者情感和志向。

_____

_____

_____

2. 诗文对应解《离骚》，品诗人之志。

参考你学过的《史记》中的《屈原列传》及查到的资料，完成以下表格，尝试写出自己的看法、思考、质疑。

	《屈原列传》相关评价	补充其他评价	你的看法、思考、质疑
题目含义		"遭忧"（班固《汉书·离骚赞序》） "别愁"（王逸《楚辞章句》） "离为遭；骚为扰动。扰者，屈原以忠被馋，志不忘君，心烦意乱，去住不宁，故曰骚也。"（钱澄之《屈诂》）	
创作缘由		"忠怨之情"（萧涤非、刘乃昌《中国文学名篇鉴赏·诗卷》）	

（续表）

	《屈原列传》相关评价	补充其他评价	你的看法、思考、质疑
内容思路		"生得日月之良，是天赋我美质于内也。"（朱熹《楚辞集注》） "内美是得之祖父与天者，修能是勉之于己者。"（汪瑗《楚辞集注》） "女无美恶，居宫见妒；士无贤不肖，入朝见疑。"（司马迁《史记·扁鹊仓公传》） "举世皆浊我独清，众人皆醉我独醒。"（屈原《渔父》）	
情感思考			
多重手法			
语言特色		"书楚语，作楚声，纪楚地，名楚物，故可谓之楚词。"（黄伯思《东观余论·校订楚辞序》）	
风格呈现		"《离骚》之异于《诗》者，特在形式藻采之间耳。时与俗异，故声调不同；地异，故山川神灵动植皆不同。"（鲁迅《汉文学史纲要》） "《国风》好色而不淫，《小雅》怨诽而不乱，若《离骚》者，可谓兼之。"（司马迁《史记·屈原贾生列传》） "三闾忠烈，依《诗》制《骚》，讽兼比兴。"（刘勰《文心雕龙·比兴》）	
人生选择			
后世影响		"盖后世之士祖述其词，尊之为经耳。"（洪兴祖《楚辞补注》）	

3. 从诗到人赏《离骚》，鉴诗人之志。

（1）思考《离骚》难懂的原因。

_____

_____

（2）体味作者传达的情感。

直接抒情句分析：

_____

含蓄传达的情感：

_____

_____

（3）鉴赏作者运用的写作手法。

_____

_____

（4）从对诗歌的分析到对作者的理解。

问题1：作品中作者在不断反思反省自己，但他知"错"而改了吗？

_____

问题2：从作品中你发现了屈原怎样的品格与精神？

品格：_____

_____

精神：_____

_____

4. 以诗化心传《离骚》，承诗人之志。

小组讨论（分组选题讨论或小组选 1—2 个问题讨论）：

（1）经过分析解读，你对《离骚》的认识发生了哪些变化？

（2）关于《离骚》之美，你有哪些发现？分类、举例解读。

（3）人们对《离骚》之美有不同的评价，你对此有没有质疑？说说你的想法。

（4）你觉得《离骚》的诗意和屈原的精神品格之美怎样才能融入我们生活？如何继承绵延？

作业设计：

1. 必选作业（巩固类）：

根据自己的能力，从单元作业（七项）中至少选一项完成。

凝心静气写诗篇——选一首或一段诗完成一幅书法作品，软硬笔皆可。

含英咀华读诗篇——选一首诗配乐完成诵读音频或视频（推荐平台："为你读诗""为你诵读"）

诗情画意绘诗篇——选一首或一段诗完成图文并茂的小报。

真情挚爱写推荐——选一首诗写出你的推荐语，100 字左右。

心动一句做书签——选最打动你的一两句诗，制作成书签，以备交换。

独出心裁写诗评——选你喜欢的一首诗歌，选择合适的角度写诗歌短评或品评文章。

诗意绵延做改编——选你喜欢的一首诗歌，改编成现代诗、故事、舞蹈、剧本等。

2. 自选作业（提升类）：

尝试用骚体诗的方式创作诗句。

史：回顾历史，品鉴人物——《苏武传》

刘霓

◎　　学科：语文
　　　学段：高二年级

◎　　中华思想文化术语

【史】在甲骨文与金文中，"史"的字形是手执笔或简簿，其义指记载史事的官吏。东汉许慎《说文解字》说："史，记事者也。从又（手）持中。中，正也。""史"与"事"同源，记"事"的人叫"史"，人所记叫"事"。后来史官所记述的史事或史实以及按一定原则编集整理的关于史事或史实的各种记载及评述也称作"史"，即今之"历史"。按许慎说法，"史"字"从又持中"，所谓"持中"就是坚持客观公正、无所偏袒的原则。中国有重史的传统，在很长时期内，史官甚至有不受当政者干涉的特殊地位。一方面，史家可以通过秉笔直书对当政者形成一定程度的制约，使其谨言慎行；另一方面，又可以通过总结、评述历史人物与历史事件汲取经验教训，为当政者提供借鉴。这一传统构成了中国人的人文精神和理性精神的重要特征。

◎　**课　例**

一、设计思路

　　本节课从分析《苏武传》这篇典范史传文学作品入手，引导学生：深入地认识苏武其人；学习本篇"不待论断而于序事之中即见其指"（顾炎武《日知录》）的写人叙事艺术，体会作者寓于其中的情感倾向；运用所学评点人物，领会人物的家国情怀和担当精神。

二、教学背景

（一）教学内容分析

　　《苏武传》是人教社部编版教材《普通高中教科书 语文 选择性必修 中册》第三单元的一篇典范性的史传类自读课文。

　　《苏武传》出自《汉书》。《汉书》是一部"包举一代"的纪传体断代史。《苏武传》选材精妙，剪裁合理，善用对比，"于序事中寓论断"，表现出高超的叙事艺术。

　　同时本单元属于"中华传统文化经典研习"任务群，本任务群旨在引导学生通过阅读中华传统文化经典作品，积累文言阅读经验，培养民族审美趣味，增进对中华优秀传统文化的理解，提升对中华民族文化的认同感、自豪感，增强文化自信，更好地继承和弘扬中华优秀传统文化。因此，本课应从文言积累、文本理解、文学审美、文化感悟这四个维度相互渗透，引导学生读懂文本、品鉴人物、感悟精神，最终培养学生的语文核心素养，提升其文言文的学习能力。

（二）学情分析

　　高二上学期学段的学生，对史传文学并不陌生。部编版初中语文选入的史传类文学选文共计六篇，分别见于七年级下册、八年级上册和九年级下册。部编版高中语文教材共选入史传类文学选文五篇，集中于必修下册和选择性必修中册。除了本篇外，其他篇目学生都应学过，所以学生有较好的语言基础，可以温故知新，迁移知识，更好地理解文本。但同时，如何上升到叙事艺术的鉴赏，则是学生思维发展的难点。

（三）教学目标

1. 通过梳理苏武大事记，了解苏武出使前后的事迹，提高筛选整合信息的能力及整体把握史传类文言文的能力；在此过程中掌握所遇到的重要文言词语，提高在语境中推断文言词意的能力。

2. 理解并把握苏武个性坚强、内心坚定、忠贞自守的形象特征，体会苏武毫无私念、一心报国的胸怀，提高赏析人物的能力。

3. 鉴赏《苏武传》精妙选材、合理剪裁、善用对比、"于序事中寓论断"的叙事艺术，学习并掌握"史传"的写作特点。

（四）课时安排

3 课时。

第 1 课时：环节一、环节二。

第 2 课时：环节三。

第 3 课时：环节四。

（五）教学难点重点

教学重点：

1. 提高筛选整合信息的能力及整体把握史传类文言文的能力。

2. 提高鉴赏叙事艺术的能力，学习并掌握"史传"的写作特点。

教学难点：

1. 通过细读文本，分析概括苏武的形象特点，鉴赏作品的写人叙事艺术。

2. 领会作品中体现的历史观念、家国情怀和担当精神。

三、教学过程

（一）环节一：温故知新——史书形式小连线

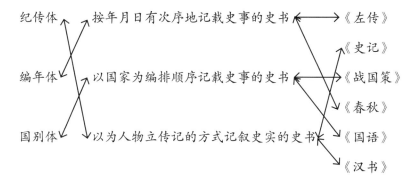

教师：

班固的《汉书》在体例以及很多写法上都承继了司马迁的《史记》。我们在司马迁笔下的屈原身上感受到了对于理想的执着，对于信仰的坚定，还有对于国家的忠贞。今天我们一起来阅读班固所写的《苏武传》，会在苏武身上得到怎样的感受呢？

（二）环节二：自主预习，迁移运用

1. 诵读课文，初步感知

（1）读准关键字字音，完成学案内容。

（2）解释重点词语的含义，文言文语言点积累，落实学案相关内容。

（3）以小标题的形式概括文章内容，圈画文中人物，将其分为两大不同阵营。

汉匈矛盾，苏武出使

因变被扣，卫律劝降

苦守北海，李陵劝降

汉匈和亲，白发归来

汉阵营：苏武、常惠、张胜

匈奴阵营：卫律、李陵、张胜

（三）环节三：品读文字，分析苏武形象，品鉴叙事艺术

1.苏武留胡节不辱，其间多次有人劝降，他们都是谁？他们劝降的方式一样么？请结合学案上的表格，完成梳理。

劝降人	劝降方式	苏武应对	苏武的典型语言	苏武的品格
卫律				
单于				
李陵				

2.学生讨论：苏武初遭变故曾两度欲引刀自决，后来被困地窖，北海牧羊时却又千方百计要活下去。他前后不同的行为是否矛盾？

参考答案：

不矛盾。匈奴对苏武的劝降实际是关乎国家尊严、民族气节。苏武意识到，一旦被匈奴审讯，就会给国家带来羞辱，所以要自杀以避免受审。后来，在审讯时被卫律威逼利诱，苏武引刀自刺，以行动表明他坚决不投降的决心。

当匈奴知道威逼利诱无法征服苏武，便要以摧残苏武肉体的方式来征服其意志。所以苏武采取的反抗方式也由以前的求死而变成以后的求生，他要在各种艰难困苦中坚强地活下去，但活着的前提与支柱依然是汉朝使者的身份，所以他"杖汉节牧羊，卧起操持"。

从全文来看，苏武将生死全然置之度外，一心考虑的是汉朝的荣誉与利益，所以在局势变化的情况下，他的对抗方式也在发生变化。

3. 我们发现《屈原列传》的结尾有司马迁的一段直接发表议论的话语，而《苏武传》则无，那么作者班固是通过什么样的方式来寄寓自己的情感评价呢？请同学们举例分析。

（1）对比。

（2）详略。十九年中有无数事情可写，作者只选取了表现人物在艰难环境下的人生选择和理想坚守的事件来详细描绘，对于其他无关紧要的事情则一笔带过。例如：详写卫律和李凌劝降，以及苏武宁死不降和卧雪牧羊等；略写苏武为於軒王赏识及牛羊被盗等。

（3）典型环境及细节描写。典型的环境描写，把苏武这个人物推到了矛盾斗争的风口浪尖上，让人物性格得以淋漓尽致的展示。

（4）归纳总结。"于序事中寓论断"，作者虽未直言，但尽在叙事之中。

（四）环节四：仿写短评，感悟精神

1. 朗读《屈原列传》中的"赞曰……"。

2. 请模仿司马迁在《屈原列传》中的评价，结合课文，以班固视角为《苏武传》写一篇赞。

3. 请学生展示作品（见附录），相互点评。

4. 请学生阅读张曼菱的《择生与择死》，然后结合所学史传文学作品中的人物或拓展篇目，任选一人谈谈他的选择、缘由及学生的评价。

参考篇目：《鸿门宴》《烛之武退秦师》《周亚夫军细柳》《唐雎不辱使命》《曹刿论战》《邹忌讽齐王纳谏》《陈涉世家》

拓展篇目：《荆轲刺秦王》《信陵君窃符救赵》《廉颇蔺相如列传》

四、附录

◎ **部分学生作品**

班固曰： 余读苏武之事，钦其志，相见其人。又见卫律之流，为人臣子，不顾恩义，叛主背亲，为降虏于蛮夷，倍感愤慨。与之相比，武令人敬佩，叹其光阴流逝⋯⋯

——孙晨杰

固曰： 吾闻苏子卿困于匈奴，十九载而不屈，叹其忠。经北海，见其地荒，思武之困，未尝不垂涕，想见其为人。单于虽幽困武至大窖，绝其饮食，后流放于北海，然忠贞之志，坚不可摧。

吾撰此书，意传其迹于四海，扬其志于天下，以示后人。

——李开源

班固曰： 余听苏武往事，赞其志，晓数十年光阴逝去，未尝不敬佩，想见其为人。武报君报国数十载，自刺表忠心，遇天寒，卧啮雪，誓不判国，吾嘉其义，收入《汉书》为后世传。

——佟雅哲

固曰： 武为国出使，因其副使张胜助虞常等谋反匈奴中而见幽于胡地。然武为汉臣，世受大汉皇恩，虽无蔽身之所，裹腹之食，而终不可胁，拒降于匈奴。丹心还社稷，旄落未曾还。可谓守节不屈，怀命不负，尽忠于国矣。

——邢凯瑞

固曰：子卿不辱使命，贫贱不能移，威武不能屈。武居北海蛮荒之地十数年。终不可胁，何其忠也。若律、陵皆能有此志，朝堂百官皆能有此志，则天下可平，基业永固。

——温景焜

诗画『论』清明

李智慧

◎　　学科：语文
　　　学段：高一年级

◎　　中华思想文化术语

【清明】中华民族四大传统节日（春节、清明节、端午节、中秋节）之一，是中国传统岁时体系中唯一与节气合一的节日，通常在 4 月 4 或 5 或 6 日。唐以前，清明主要作为二十四节气之一，反映自然时节的变化，与农事息息相关。唐宋以后，清明节取代寒食节而成为节日，寒食节原有的祭祖扫墓、吃冷食等成为清明节俗的内容。此时万物生气旺盛，人们顺应季节的变化，又有郊游踏青、插柳、放风筝、荡秋千等活动。时至今日，清明仍是中国人生活中具有特殊意义的节日。2006 年 5 月 20 日，经国务院批准，清明节被列入中国第一批国家级非物质文化遗产名录。

◎ 课 例

一、设计思路

高中生清明节活动跟初中的活动应该有所不同，可以将清明节与中国历史、文化的发展联系起来，让学生了解清明节在不同历史时期的变迁和演变，引导学生深入阅读相关经典文献，进一步增强他们的历史意识和文化认知。因此，本课确定以"诗画清明"入手，让学生进入情境，讨论古今清明节变迁，并确定辩题，撰写辩论词，最后以诗画的形式总结一周学习心得感悟。

二、教学背景

（一）教学内容分析

清明节正值春季，自然界万物复苏。古人常常在这个时候融入自然，赏花祭扫，感受生命的轮回和循环。在这个特殊时刻，古人又常以诗词和绘画的方式来表达对逝者的怀念、对自然的感慨以及对生活的热爱。本活动从"诗画清明"的角度入手进行设计，突出了清明节所独特的文化内涵和氛围。

（二）学情分析

学生的年龄段会影响他们对清明节的理解和情感表达的深度。在初中阶段，学校的活动更注重情感体验和亲身参与；而在高中阶段，学生的理解能力进一步加强，有能力通过深入挖掘文学作品和进行思辨性分析来理解清明节的意义。

另外，学生的家庭背景和长辈的社会价值观也会影响他们对清明节的态度。一些学生已经在家庭中接受了清明节传统的影响，他们可能更有意愿参与相关活动；而另一些学生可能对传统文化不太了解，需要通过学校的活动来培养他们的兴趣和认知。

（三）教学目标

让学生了解清明节的历史、起源和传统习俗，引导学生感受传统文化的深厚内涵，培养对传统的尊重和理解。

通过诗歌、绘画等方式，学生能够用自己的语言和方式表达对逝者的怀念和情感。

引导学生在活动中与家人分享自己的创作和思考，以增进家庭成员之间的理解和沟通；培养学生的社会责任感，使他们在怀念逝者的同时，也能够关注社会问题，更好地理解人生的意义和价值。

综合考虑以上目标，清明节活动应当旨在通过情感表达、文化传承、综合素质培养等方面，培养学生更深入地理解清明节的内涵，促进情感交流和人生思考。

（四）课时安排

本活动持续一周。课上约 3 课时，以课堂讨论和展示的方式进行。

第一环节从《清明上河图》导入，组织学生讨论清明节的特点。课前，学生需要阅读南宋文学家孟元老的《东京梦华录》并搜集、整理有关清明节的来历以及各地习俗的资料。

第二环节学生展示诗词中的清明节活动。课前需要搜集并整理有关清明的诗词。

第三环节学生拟定有关古今清明变迁的话题，并进行初步讨论，最后选出最感兴趣的话题，确定辩题，撰写辩论词。

（五）教学难点重点

引导学生阅读相关的古诗词、经典绘画作品，帮助他们更深刻地理解清明节的意义和传统文化背景。尽管教学重点在于传统文化，但也要鼓励学生在创作中加入自己的创新和个性，引导他们从自身的角度出发，用独特的方式表达情感和思考，鼓励他们用现代语言和技术表达对清明节的理解和情感，以保持传统文化的活力。

综合来看，"诗画清明"教学的重点难点在于文化内涵的理解、情感表达以及创新与个性的发挥。

三、教学过程

（一）环节一：导入情景

教师：

"行走"于二十四节气之中，我们又一次与清明邂逅。"清明时节雨纷纷，路上行人欲断魂。借问酒家何处有？牧童遥指杏花村。"唐代诗人杜牧的这首《清明》，让我们感受到了这个特殊节气的多愁善感和意趣缠绵。的确，古往今来的文人墨客，留下不少脍炙人口的诗歌佳作和意蕴深长的绘画作品。

提起清明画作，就不得不说起传世名画之一《清明上河图》。2020年9月，北京故宫，武英殿外，一条数百米的"队伍长龙"缓慢地移动着，各地游客纷纷前来一睹真容；武英殿内，长528.7厘米、宽25.2厘米的《清明上河图》全卷铺陈开来，静静地躺于玻璃展柜中。

对于这幅图，我们并不陌生。它曾以说明文的体裁出现于语文八年级上册教材里。众所周知，《清明上河图》是北宋画家张择端仅见的存世精品。相传张择端画作完成后，把它呈献给宋徽宗。宋徽宗酷爱此画，用他著名的瘦金体书法亲笔题写了"清明上河图"五个字，并钤上了双龙小印。

那么宋徽宗为何题名"清明上河图"呢？此"清明"又是否为节气呢？马上开始我们的"诗画清明"探秘之旅，共同感受清明节里历久弥新的文化底蕴。

（二）环节二：分组讨论

请同学们分组讨论《清明上河图》中哪里体现了"清明"的特点。提示：结合相关资料，可以从自然景色、节令特点以及社会生活特点来说明。

学生总结：

1. 自然景色：清明节正值春季，自然界万物复苏。画中的景色鲜明，表现了春意盎然的美景，这与清明节时节的自然气息相呼应。

2. 节令描绘：作为中国古代四大传统节令之一，清明节具有特定的风俗和习惯。在画中，可以看到市井人群在清明节这一特殊时刻进行祭祀、瞻仰和外出游玩等活动，生动地再现了清明节的场景。

学生一：清明节是一个祭祀祖先的日子，人们会前往祖坟墓地进行祭祀、扫墓等活动，表达对逝去亲人的怀念之情。画中可以看到一些人在墓地进行祭扫，也展示了人们对于家族和传统的情感。其中烧纸钱便是采用最多的方式。《清明上河图》中，离码头不远处有一家店铺，门前一边写着"王家纸马"招牌，一边放着楼阁状的冥屋。《东京梦华录》云："寒食第三节，即清明日矣。凡新坟皆用此日拜扫。……纸马铺皆于当街用纸衮叠成楼阁之状。"纸马是一种迷信用品，旧时祭祀所用。在纸上画神像，涂以彩色，祭毕焚化，谓之纸马。

学生二：画中一个从城外归来的队伍，这个队伍的最中心是一抬轿子，轿子的上面插满了柳枝，史料以及《东京梦华录》都记载，当时人们在清明节上坟归来的时候，轿子就是要做这样改装，这是一种风俗。

"杨柳杂花"是东京特有的清明风俗，即是用杨柳枝条、各种杂花装点在轿顶之上，四面垂挂下来，将轿子遮映起来。

学生三：其中有几处画面中小贩挑着扁担，售卖稠饧，不禁引人关注。饧，俗称麦芽糖。孟元老的《东京梦华录》称"稠饧"。现存诗词中有不少以"饧"为寒食、清明做标识的描写，正可与《清明上河图》多处卖饧的场景相印证。宋代著名词人苏轼有一首《南歌子》写得有滋有味："日薄花房绽，风和麦浪轻。夜来微雨洗郊坰。正是一年春好、近清明。　　已改煎茶火，犹调入粥饧。使君高会有余清。此乐无声无味、最难名。"清明节生火品茶，佐以麦芽糖，想必别有一番风味。唐代诗人白居易有一首《清明日送韦侍御贬虔州》也提到："寂寞清明日，萧条司马家。留饧和冷粥，出火煮新茶。欲别能无酒，相留亦有花。南迁更何处，此地已天涯。"

3. 社会生活：画中描绘了当时城市的繁忙和热闹，许多人在清明节外出游玩、购物、交流。这反映了清明节不仅是祭祀逝者的时刻，也是人们欢聚、社交的时机，具有丰富的社会性质。

学生：其实，清明节不仅仅是伤感，也充满欢乐与确幸。因此清明节又名"踏青节"。《岁时百问》云"万物生长此时，皆清洁而明净"，故谓之清明。踏青活动在《清明上河图》中虽然没有直接表现，但在画中可以看到许多人们在街道上行走、交流，也有一些人在街边的建筑物、码头、河岸等地休闲聚集。这些情景在某种程度上可以被视为一种社交和休闲的活动，与踏青游玩在某些方面有类似之处。

思考：结合以上内容，请同学们明确为何宋徽宗把张择端的这幅画命名为"清明上河图"。

学生讨论总结：这副画卷展现了汴京的繁华之景，宋徽宗既是借用此画，把自己统治下的汴京比作太平盛世，进行自我表扬，体现自己的政治"清明"又同时贴合张择端画中描绘的清明时节的景物，可谓是一语双关。

（三）环节三：收集诗句并分享

惠风和畅，杨柳垂丝，流莺娇啼。清明出游，吟诵三两句，不失为悦情赏心之雅事。因此古人留下了很多跟"清明"活动有关的诗句。请结合课下搜集的相关资料，按照清明活动分组分享。

组一：清明踏青的习俗，据考证起于唐盛于宋，时谓之"游春"。北宋欧阳修的《踏青》写得生动传神："南国春半踏青时，风和闻马嘶，青梅如豆柳如眉，日长蝴蝶飞。"颇有诗中有画、画中有诗的神韵。尤其是他写的《采桑子·清明上巳西湖好》用"清明上巳西湖好，满目繁华。争道谁家，绿柳朱轮走钿车。   游人日暮相将去，醒醉喧哗，路转堤斜，直到城头总是花"描绘了一幅热闹繁华的清明西湖游春图。傍晚时分，游人离去。道路弯转，从堤岸到城头，一路上满是头上簪花的游人，游春的欢乐气氛跃然而上。

组员补充：宋代吴惟信的《苏堤清明即事》"梨花风起正清明，游子寻春半出城。日暮笙歌收拾去，万株杨柳属流莺"，表现了万人郊游、尽兴方归的宏大场景。

组二：其实古人的清明活动比我们想象中要丰富多彩。唐代诗人王维曾作《寒食城东即事》："蹴鞠屡过飞鸟上，秋千竞出垂杨里。少年分日作遨游，不用清明兼上巳。"便是描绘了人们在清明节纷纷走出户外，踢球、荡秋千，十分热闹。

组三：宋代词人柳永笔下的《木兰花慢·拆桐花烂漫》中写道"风暖繁弦脆管，万家竞奏新声。盈盈。斗草踏青。人艳冶、递逢迎。"看来清明节还要有音乐助兴，可见玩意极浓。甚至到了晚上，依然雅兴不减，弹弦奏乐赏花。比如唐代白居易《清明夜》中写道："好风胧月清明夜，碧砌红轩刺史家。独绕回廊行复歇，遥听弦管暗看花。"

组四：古代的清明节也是全家聚到一起祭祀祖先的时刻。唐代李群玉在《湖寺清明夜遣怀》写道："久向饥寒抛弟妹，每因时节忆团圆。饧餐冷酒明年在，未定萍蓬何处边。"由此可见清明，本是祭祖和一家团圆的日子，而作者却远在他乡，不禁怀念家人，感叹世事变幻、人生无常。当然也有能够亲临墓前祭拜亲人。唐代熊孺登《寒食野望》"拜扫无过骨肉亲，一年唯此两三辰。冢头莫种有花树，春色不关泉下人"就写了自己面对凄清的坟墓，会感伤和思索自己人生的归宿。

教师补充：所以清明全家祭拜亲人也是追根溯源的象征。也会促使我们认真思索生命的意义和自我的价值，以及该如何度过人生的每一天。当然清明节祭奠亲人是伤感的，我们也要像苏轼一样学会自我调整，他在《望江南·超然台作》中写道："寒食后，酒醒却咨嗟。休对故人思故国。且将新火试新茶，诗酒趁年华。"

组五：古代清明节还有一种风俗，那就是每年清明节前一日或前二日为寒食节，禁烟火，吃冷食，至清明节重新生火，是为新火。宋代王禹偁在《清明》中写道："无花无酒过清明，兴味萧然似野僧。昨日邻家乞新火，晓窗分与读书灯。"作者在清明佳节，专心致志地用功读书、努力学习。我们现在的清明节，假期太短，很多同学并未出游踏青，也是在写作业中度过的。

（四）环节四：拟辩题，撰写辩词

千载之下，我们不禁感慨现如今的清明节似乎少了些许独特魅力。你是如何看待古今清明节的变迁？请每个同学拟定一个讨论话题，然后全班共享，选出一个大家最感兴趣的话题，拟定一个辩题。课上讨论拟定的话题汇总如下：

1. 传统与现代：传统清明节习俗是否应该在现代社会中得到保留和弘扬？

2. 祭扫与环保：祭扫传统对环境造成了很大压力，是否应该改变祭扫方式来保护环境？传统祭扫与现代网络祭扫，哪一种更能有效表达情感？

3. 清明节与家庭关系：传统清明节强调家庭团聚，共同祭扫，但现代社会家庭结构多样化，清明节是强化了家庭的凝聚力，还是对一些家庭带来压力？

4. 祭祀是尊敬祖先的方式，但在现代社会中，很多人对祭祀的意义产生疑问。祭祀是一种情感的表达还是仅仅是一种形式？

……

确定的辩题：清明节代理扫墓是对传统的漠视还是重视传统？

结语：

　　各位同学，阳春三月悄然逝去，清明假期即将来临，经过我们一个星期对清明的分享，相信大家对清明有更深的感悟。请同学们在假期用诗词歌赋或者绘画的方式总结这一周来的心得感悟，让我们用这样的方式来与"清明"进行一次更加亲密的接触，完成后请先分享给自己的家人，开学后上交老师，期待各位的作品！

『建安风骨』何处寻——《短歌行》

张胜佳

◎ **学科：语文**
学段：高一年级

◎ **中华思想文化术语**

【建安风骨】又称"汉魏风骨"。指汉献帝建安年间至魏初这一时期的文学作品中由刚健悲慨的思想感情与清朗遒劲的文辞凝结而成的时代精神和总体风格。汉末政治动荡，战乱频繁，人民流离失所。这一时期的代表作家曹操、曹丕、曹植、孔融、陈琳、王粲、徐干、阮瑀、应玚、刘桢和女诗人蔡琰等人，继承了汉乐府民歌的现实主义传统，在创作中多直面社会动乱，反映民生疾苦及个人怀抱，抒发了建功立业的理想和积极进取的精神，表现出刚健、向上的抱负和豪迈、悲慨的情怀。"建安文学"的总体风格是悲凉慷慨、风骨遒劲、华美壮阔，具有鲜明的时代特征和个性特征，形成了文学史上独特的"建安风骨"，从而被后人尊为典范，其中又以诗歌成就最为突出。

◎ 课 例

一、设计思路

本节课围绕语文课文《短歌行》，引导学生诵读作品、分析诗句、知人论世，分析其中的语调、内容、情感，感受作品中诗人求贤若渴、建功立业的政治热情，以及慷慨悲凉的个性特征，体会这一时期文学作品体现出的"建安风骨"。

二、教学背景

（一）教学内容分析

《短歌行》来自人教社部编版教材《普通高中教科书 语文 必修上册》第三单元。本单元摘选了我国古代不同时期、不同体裁的诗词名作。本单元的学习目的，是培养学生逐步掌握古诗词的基本知识，认识古诗词的当代价值，增强对中华优秀传统文化的传承意识。

《短歌行》是汉末建安年间曹操的代表作品。它用乐府古题创作，以感叹时光易逝，忧自己功业未成开头，反复表达对人才的渴望，抒发诗人一统天下的雄心壮志。《短歌行》雄健深沉、慷慨悲凉，是建安文学的代表作。教学时，教师引导学生在诵读和赏析中感受诗歌的意境，欣赏其独特的艺术魅力；感受诗人的精神世界，体会诗人对社会的思考与对人生的感悟，提高自身的思想修养和文化品位，并尝试着写作文学短评。

（二）学情分析

学生在初中时读过《三国演义》，熟悉曹操生活的时代；在语文课上，曾经学过曹操的《观沧海》《龟虽寿》等作品，对曹操其人及诗歌作品，对其慷慨激昂的诗风有或多或少的了解。但对于文学短评，学生没有接触过，会有畏难心理，也不知道该如何入手，需要老师给学生提供文学评论的写作方法。教师从示例开始讲解，让学生从模仿入手，获得成就感，逐步提高要求，最终完成写 800 字左右文学短评的单元学习任务。

（三）教学目标

1. 通过分析诗句，掌握以下诗歌的修辞手法：比喻、设问、借代、引用、起兴、用典。

2. 通过解读诗歌，体会曹操在诗中表达的情感，体会建安文学的典型特点。

3. 通过炼字、析句、赏篇等，学习文学短评的写作方法。

（四）课时安排

1 课时。

（五）教学难点重点

教学重点：

1. 诗歌修辞手法：比喻、设问、借代、引用、起兴、用典。

2. 曹操在诗中表达的情感：三忧。

教学难点：

通过对《短歌行》进行炼字、析句、赏篇，感受作品中体现出的"建安风骨"，学会写作文学短评。

三、教学过程

（一）环节一：诗歌诵读，感"建安风骨"

古诗词有很强的音乐性，学生通过诵读，体会《短歌行》的慷慨悲凉。如《短歌行》前半部分，可进行如下设计，体会其情感基调。

对酒／当歌，人生／几何！↑慢（慷慨激昂 气满声高）

譬如／朝露，去日／苦多。↓慢（沉郁悲壮 气沉声低）

慨当／以慷，忧思／难忘。↓慢（凝重苍凉 气缓声沉）

何以／解忧？唯有／杜康。↓慢（苍劲悲凉 气沉声低）

青青／子衿，悠悠／我心。↓慢（惆怅轻柔 气徐声柔）

但为／君故，沉吟／至今。↓慢（深沉悠长 气徐声柔）

呦呦／鹿鸣，食野／之苹。→慢（深情舒缓 气舒声平）

我有／嘉宾，鼓瑟／吹笙。↑快（轻快高昂 气满声高）

（二）环节二：炼字析句，知"建安风骨"

学生通过对诗句的理解分析，熟悉修辞手法的运用，并理解作者在诗句中表现出的情感。

1.读诗歌：找出最能概括作者感情的一个字。

教师点拨：忧。

2.二读诗歌：诗句分析鉴赏。

（1）对酒当歌，人生几何。譬如朝露，去日苦多。

教师点拨：比喻。一忧人生短暂。建安时期，社会动乱，生命更显脆弱，感叹逝去的岁月，情感基调悲凉，诗人情绪消极、低沉。

（2）慨当以慷，忧思难忘。何以解忧？唯有杜康。

教师点拨：引用。二忧功业未就。诗人生逢乱世，又有雄心壮志，渴望一统天下，建功立业。虽有愁思，却也体现其积极进取的精神。

（3）青青子衿，悠悠我心。但为君故，沉吟至今。

教师点拨：设问、借代。渴望得到有才学的人，表达对人才的渴望。

（4）呦呦鹿鸣，食野之苹。我有嘉宾，鼓瑟吹笙。

教师点拨：引用。曹操在盼望与召唤之中已经隐然定下君臣的名分。

（5）明明如月，何时可掇？忧从中来，不可断绝。

教师点拨：三忧人才难得。

（6）越陌度阡，枉用相存。契阔谈宴，心念旧恩。

教师点拨：作者想象着各种人才从各个地方来投奔自己，表明求贤若渴的心情。

（7）月明星稀，乌鹊南飞。绕树三匝，何枝可依？

教师点拨：再一次表达自己希望得到人才的心情。

（8）山不厌高，海不厌深。周公吐哺，天下归心。

教师点拨：用典。以周公自比，愿以山高海深的胸怀，效法周公，广纳贤才，以定天下。诗人表明了自己礼贤下士的决心，再次展现了一统天下的抱负。

（三）环节三：知人论世，评"建安风骨"

1.《短歌行》中"建安风骨"的体现。

学生作品分享。略。

2. 方法总结：

（1）善于聚焦，从"小"处切入。

（2）叙议结合，以议为主。

（3）注意逻辑层次。

（四）环节四：作业设计

本节课作业：《短歌行》中"建安风骨"的体现。

单元作业：本单元的人文主题是"生命的诗意"，共八首诗歌。魏晋诗歌《短歌行》慷慨悲凉，《归园田居》闲适自然，唐代诗歌《梦游天姥吟留别》豪放飘逸，《登高》沉郁顿挫……每首诗歌都有独特的魅力，学完诗歌后，请完成本首的文学短评。

四、附录

◎　"建安风骨"何处寻
　　——《短歌行》学案

一、知人论世：作家作品。

　　曹操（155—220），字＿＿＿＿，小字＿＿＿＿，＿＿＿＿（年代）著名政治家、文学家。他"外定武功，内兴文学"：统一了中国北方，实行了一系列政策，恢复经济生产和社会秩序，奠定了曹魏立国的基础。

　　文学方面，他擅长用诗歌抒发自己的政治抱负，并反映汉末人民的苦难生活，诗作气魄雄伟，慷慨悲凉。他是建安文学的开创者和组织者。曹操诗歌现存 20 余首，大致分为两类：①反映当时＿＿＿＿＿＿＿＿如《蒿里行》："白骨露于野，千里无鸡鸣。生民百遗一，念之断人肠。"②抒发个人的政治理想和抱负，如《观沧海》：

＿＿＿＿＿＿，＿＿＿＿＿＿。＿＿＿＿＿＿，＿＿＿＿＿＿。

＿＿＿＿＿＿，＿＿＿＿＿＿。＿＿＿＿＿＿，＿＿＿＿＿＿。

＿＿＿＿＿＿，＿＿＿＿＿＿。＿＿＿＿＿＿，＿＿＿＿＿＿。

幸甚至哉，歌以咏志。

又如：《龟虽寿》：

＿＿＿＿＿＿，＿＿＿＿＿＿。＿＿＿＿＿＿，＿＿＿＿＿＿。

＿＿＿＿＿＿，＿＿＿＿＿＿。＿＿＿＿＿＿，＿＿＿＿＿＿。

＿＿＿＿＿＿，＿＿＿＿＿＿。＿＿＿＿＿＿，＿＿＿＿＿＿。

幸甚至哉，歌以咏志。

二、文本探究：诗句理解。

（一）读诗歌：找出最能概括作者感情的一个字。答：＿＿＿＿＿＿

（二）诗句理解。

1. 对酒当歌，人生几何。譬如朝露，去日苦多。

句子翻译：＿＿＿＿＿＿＿＿＿＿＿＿＿＿＿＿＿＿＿＿＿＿＿

手法分析：＿＿＿＿＿＿＿＿＿＿＿＿＿＿＿＿＿＿＿＿＿＿＿

我的感悟：＿＿＿＿＿＿＿＿＿＿＿＿＿＿＿＿＿＿＿＿＿＿＿

2. 慨当以慷，忧思难忘。何以解忧？唯有杜康。

句子翻译：＿＿＿＿＿＿＿＿＿＿＿＿＿＿＿＿＿＿＿＿＿＿＿

手法分析：＿＿＿＿＿＿＿＿＿＿＿＿＿＿＿＿＿＿＿＿＿＿＿

我的感悟：＿＿＿＿＿＿＿＿＿＿＿＿＿＿＿＿＿＿＿＿＿＿＿

3. 青青子衿，悠悠我心。但为君故，沉吟至今。

句子翻译：＿＿＿＿＿＿＿＿＿＿＿＿＿＿＿＿＿＿＿＿＿＿＿

手法分析：＿＿＿＿＿＿＿＿＿＿＿＿＿＿＿＿＿＿＿＿＿＿＿

我的感悟：＿＿＿＿＿＿＿＿＿＿＿＿＿＿＿＿＿＿＿＿＿＿＿

4. 呦呦鹿鸣，食野之苹。我有嘉宾，鼓瑟吹笙。

句子翻译：＿＿＿＿＿＿＿＿＿＿＿＿＿＿＿＿＿＿＿＿＿＿＿

手法分析：＿＿＿＿＿＿＿＿＿＿＿＿＿＿＿＿＿＿＿＿＿＿＿

我的感悟：＿＿＿＿＿＿＿＿＿＿＿＿＿＿＿＿＿＿＿＿＿＿＿

5. 明明如月，何时可掇？忧从中来，不可断绝。

句子翻译：＿＿＿＿＿＿＿＿＿＿＿＿＿＿＿＿＿＿＿＿＿＿＿＿＿＿

手法分析：＿＿＿＿＿＿＿＿＿＿＿＿＿＿＿＿＿＿＿＿＿＿＿＿＿＿

我的感悟：＿＿＿＿＿＿＿＿＿＿＿＿＿＿＿＿＿＿＿＿＿＿＿＿＿＿

6. 越陌度阡，枉用相存。契阔谈宴，心念旧恩。

句子翻译：＿＿＿＿＿＿＿＿＿＿＿＿＿＿＿＿＿＿＿＿＿＿＿＿＿＿

手法分析：＿＿＿＿＿＿＿＿＿＿＿＿＿＿＿＿＿＿＿＿＿＿＿＿＿＿

我的感悟：＿＿＿＿＿＿＿＿＿＿＿＿＿＿＿＿＿＿＿＿＿＿＿＿＿＿

7. 月明星稀，乌鹊南飞。绕树三匝，何枝可依？

句子翻译：＿＿＿＿＿＿＿＿＿＿＿＿＿＿＿＿＿＿＿＿＿＿＿＿＿＿

手法分析：＿＿＿＿＿＿＿＿＿＿＿＿＿＿＿＿＿＿＿＿＿＿＿＿＿＿

我的感悟：＿＿＿＿＿＿＿＿＿＿＿＿＿＿＿＿＿＿＿＿＿＿＿＿＿＿

8. 山不厌高，海不厌深。周公吐哺，天下归心。

句子翻译：＿＿＿＿＿＿＿＿＿＿＿＿＿＿＿＿＿＿＿＿＿＿＿＿＿＿

手法分析：＿＿＿＿＿＿＿＿＿＿＿＿＿＿＿＿＿＿＿＿＿＿＿＿＿＿

我的感悟：＿＿＿＿＿＿＿＿＿＿＿＿＿＿＿＿＿＿＿＿＿＿＿＿＿＿

三、文学短评写作：《短歌行》中"建安风骨"的体现。

略。

满招损，谦受益——3D 打印公道杯

黄海霞

◎　　**学科：信息技术**
　　　学段：七年级

◎　　**中华思想文化术语**

【满招损，谦受益】骄傲自满会招致损害，谦虚谨慎会得到益处。"满"即自满、自负，自以为满足；"谦"即"敬"，由衷地恭顺谨慎。古人认为，一切都在不断的变化之中，优劣成败会转化；人要与时俱进，不断努力，不能满足于已经取得的成绩，裹足不前；要放低姿态，虚怀若谷，时时克服自身不足。小到一人，大到一国，皆如此。这与中华民族"自强不息"的精神息息相通。

◎ 课 例

一、设计思路

本单元以九龙公道杯①打印为主线，教师从公道杯的原理出发，鼓励学生实践，用 3D 打印技术制作公道杯，并将中华思想文化术语"满招损，谦受益"中包含的哲理融入课程中。启发学生正确理解谦虚谨慎的价值，使他们在生活和学习中可以不断努力，时时克服自己的不足，同时也体会古人的智慧和工匠精神。

二、教学背景

（一）教学内容分析

教师指导学生通过制作公道杯研究物理学的虹吸现象，让学生从生活中的现象入手进行研究，将不同学科知识进行融合；并以任务驱动式教学方式，为课程设置学习任务，指导学生以小组为单位完成任务，培养学生分析问题、解决问题的能力，培养学生独立探索及合作精神。

（二）学情分析

七年级（初一）的学生喜欢历史故事，好奇心强，愿意探索。通过前期的学习实践，他们对 3D 软件比较熟悉，有比较丰富的操作经验。而且，学生对 3D 设计有较高的兴趣，能够积极参与到课堂教学之中。

（三）教学目标

1. 理解中华思想文化术语"满招损，谦受益"的含义。

2. 学会在 3D 打印中参考几何体的使用完成相应任务。

3. 学会在 3D 打印中利用显示曲线连通性修改草图。

---

① 九龙公道杯又叫平心杯，古代汉族饮酒用瓷制品。分杯体和杯座两部分，通体高约 20 厘米。九龙公道杯明代永乐年间景德镇御器厂均有出品，现景德镇仍有生产。

4. 在实践中体会公道杯设计之巧妙，体会古人的智慧和工匠精神。

（四）课时安排

2 课时。

（五）教学难点重点

教学重点：

理解"满招损，谦受益"的含义。

教学难点：

1. 掌握在 3D 打印中利用显示曲线连通性修改草图。

2. 掌握在 3D 打印中参考几何体的使用完成相应任务。

三、教学过程

（一）环节一：导入情景——公道杯的传说

讲述故事：

相传朱元璋打败陈友谅定都南京，建立了大明王朝。有一天特地宴请他的开国功臣们。席间，朱元璋拿出只瓷质酒杯对大家说："卿等与朕南征北战，纵横沙场。功绩大小，尔等自知。朕今日亲自斟酒赐饮，尔等可视自己功劳多寡定斟酒长短。"说完，令徐达第一个上前领赏。徐达一来好贪杯，一来自恃功高，竟让朱元璋把杯中酒斟得满溢，谁知他刚端起酒杯，这酒却全部泄漏光了。而其他人喝这杯中酒，只要不斟满酒尽得甘醇。众人百思不得其解。朱元璋笑说："此乃奉朕之命所造的九龙公道杯。圣人曰：谦受益，满招损。众爱卿今日一试其公道，以为如何？"众人才明白：原来这种九龙杯盛酒最为公道，盛酒时只能浅平，不可过满；否则，杯中之酒便会全部漏掉，一滴不剩。杯中央立一老头或龙头，体内有一空心瓷管，管下通杯底的小孔；管的上口相当于老人胸前的黑痣（或龙颌）高度。向杯内注水时，若水位低于瓷管上口，水不会漏出；当水位超过瓷管上口，水即通过杯底的漏水孔漏光。

（二）环节二：自主探究——公道杯原理分析

提问：

1. 九龙公道杯长什么样子？内部是什么结构？

2. 用公道杯为什么酒满就会漏光？

学生分组探究上述问题。讨论后每组画出示意图并在全班进行分享。

参考：公道杯原理分析——虹吸现象

观察公道杯的结构图，当我们向里面注水到达了 A 点时，此时液面最高点已经高过龙身内的最高点 B。由于水压以及重力的作用，水就会从高水位逐渐向下流动，最终从 C 流出。由于水在流净前，其位置总会高于最低点 C，所进总会保持一个水压差。根据水往低处流的原理，整杯水都会源源不断地排出杯子，仿佛被吸干了一般。

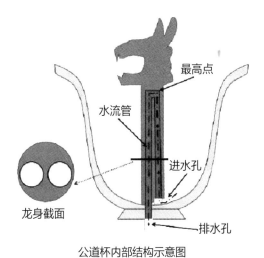

公道杯内部结构示意图

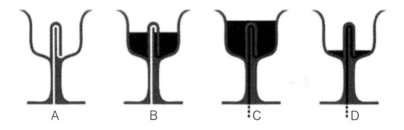

（三）环节三：实践操作——公道杯制作

1.步骤一：结构分析——寻找制作途径

公道杯结构分析：复杂结构简单化，拆分。

公道杯拆分成杯子和导流管两部分。

2.步骤二：分部分实施——公道杯主体杯制作

（1）参考公道杯造型，绘制公道杯主体杯子部分。绘制完成后删去参考图。

（2）利用旋转命令完成杯体。

（3）调整杯子大小，高约为50mm。背景网格1格参数为5mm。

（4）抽壳。

（5）加厚杯底，选择加运算。

（3）杯子主体部分完成。

3.步骤三：分步骤实施——公道杯导流管制作

（1）绘制圆环体。

（2）一半位置绘制一条直线，特殊功能——实体分割，将圆环体切一半，删除下半部分。

（3）同加厚杯底方式一样，拉伸导管，参数为：-30、-37；注意导流管要为一个整体，并复制。

（4）抽壳，开放面为参数 2。

（5）未抽壳的导流管放在杯子合适位置。（长的导流管贯穿杯底，短的导流管不接触杯底）；杯体与导流管相减，打孔。

（6）组合杯底与抽壳后的导流管。

（四）环节四：拓展提高——公道杯龙头制作

参照学案制作步骤，尝试制作公道杯的龙头。

1. 绘制半径 11 的圆形，拉伸高度 37；

2. 龙头外壳内径要比导流管宽。

3. 圆角的制作。

4. 抽壳的过程。

5. 参照龙头，利用参考几何体绘制出龙头的样子；修剪，删掉多余的线。

6. 缩放合适的大小，龙头厚度 7mm 左右。

（五）环节五：归纳总结——谦受益，满招损

提问引导：从故事本身到虹吸原理再到实际制作公道杯，你有哪些收获？

以下供参考：

1. 通过制作公道杯，理解了它的设计意图和蕴含的哲理。公道杯的原理导致其酒倒太满就会流出。朱元璋点评"谦受益，满招损"，看似指的是杯子，实则蕴含哲理。其中的"满"字，在故事中是满溢，还包含自满、贪心的意思。结合我们的人生，可以体会到公道杯给我们的启示是：人要与时俱进，不断努力，谦虚谨慎、虚心学习，不能满足于已经取得的成绩，裹足不前；要放低姿态，虚怀若谷，不贪心，不自满，时时克服自身不足，不断成长，不断进步。

2. 通过制作公道杯，明白了物理学的虹吸原理。虹吸原理是利用液面高度差的作用力现象，管内最高点液体在重力作用下往低位管口处移动，在 U 型管内部产生负压，导致高位管口的液体被吸进最高点，形成虹吸现象。虹吸的实质是因为液体压强和大气压强而产生。这是物理学的知识。同学们通过 3D 打印实物，更能够理解虹吸原理的特征。由此看出，信息技术这一工具有助于我们理解更多的科学知识。

3. 通过制作公道杯，感受到了中国传统文化的博大精深。

九龙公道杯，是中国古代能工巧匠的奇思妙想，让国人乃至世界更好地了解中华文化的博大精深。小小的杯子，彰显了优秀的传统文化，也彰显了中国古代人民的智慧。同学们制作公道杯，是对传统文化的传承。作为青年学生，我们有必要也有义务了解更多的传统文化，并携手共同传承和弘扬中国传统文化。

用人工智能技术分析《全唐诗》

李海花

◎　　学科：信息技术

　　　学段：高一年级

◎　　中华思想文化术语

【诗】中国古代文学的主要体式，也是中国古代最早产生的文学体式。它按照一定的节奏、韵律、字数和句式要求，用凝练的语言、丰富的想象反映社会生活、表达思想情感。"诗"与"文"是中国古代文学的主要形态，古人所说的"诗"主要分古体诗和近体诗，一般不包括唐以后出现的词曲。古体诗也叫古风，是近体诗产生前除楚辞体之外的各种诗体的通称，其格律比较自由，不拘对仗、平仄，押韵较宽，篇幅长短不限，句子有四言、五言、六言、七言、杂言；近体诗也叫格律诗，它的字数、押韵、平仄、对仗都有严格的规定，有五绝、七绝、五律、七律、排律等。诗与词曲的区别是：诗不配乐，词曲可配乐歌唱。在中国，诗已有两千多年的历史，古人认为诗能够连通人与自然、表达志向、抒发情性，集中体现了中国文学艺术的精神特质与审美追求，这与西方将诗看作文学的门类很不相同。在中国古代，儒家思想对诗的创作有重要指导作用，而道家与佛教思想对于诗的意境理论影响深远。因中国最早的诗集是《诗经》，所以后世也用"诗"专指《诗经》。

◎　课　例

一、设计思路

本单元以国家信息技术课程为依托，运用人工智能中的词频统计技术，以"用人工智能技术分析《全唐诗》"为主线，将中华思想文化术语"诗"中包含的精神融入课程学习当中。通过进行词频分析实践，启发学生将现代技术与古代传统文化相结合，从而正确理解诗所反映的社会生活与表达的情感。

二、教学背景

（一）教学内容分析

本单元内容是对《全唐诗》进行分词及统计排序，是在学生已经学习了 Python 程序设计的基础上进行的。分词属于人工智能领域中自然语言处理的一个应用，本单元通过完成分词任务了解 jieba 库的使用，并在分词的基础上设计算法，灵活运用程序结构编写程序，实现对于词频的统计，从而了解诗人及其所创作的唐诗。

本单元共安排三节课，是将现代人工智能技术与中国优秀传统文化相结合的综合应用，利用所学知识解决实际问题，训练学生的计算思维，并体验 Python 在人工智能领域的初步应用。

（二）学情分析

在信息技术方面，学生在学习本节课内容之前，对 Python 程序设计有基本的学习和掌握，会 Python 基本语句格式、数据类型、三种基本程序结构等，因此程序的基本操作没有问题，但打开文件的方法和 jieba 库的使用是新知识，尤其是分词的概念也是学生第一次接触，教师需要在这几个内容上重点讲解。

在中华传统文化方面，高中生比较熟悉唐诗，但很多同学局限于背诵和释义，很少站在一定高度对唐诗进行系统的梳理和分析，缺乏深入思考。因此，本单元将二者结合，让学生对两个方面的知识都深入了解。

（三）教学目标

1. 以分析《全唐诗》为例，了解人工智能技术中自然语言处理的相关知识，在对所学知识进行综合应用的同时感受中国诗词文化的魅力。

2. 根据项目主题，运用计算思维进行问题分析、算法设计、程序编写、程序调试等一系列过程，完整体验系统设计的全过程。

3. 在项目完成的过程中，掌握读取文件、分词的方法，同时加深对列表、字典、程序结构及枚举算法的理解和应用，在已有知识基础上建构新知识。

（四）课时安排

3 课时。

第 1 课时提出项目任务，讲解项目所需基础知识，初步进行算法分析，为下节课做准备。

第 2 课时在第 1 课时算法分析的基础上进行代码实现，完成固定词语词频统计。然后修改算法，为完成所有词语词频统计做准备。

第 3 课时在前两节课的基础上完成项目任务并优化算法，然后对生成结果进行分析和思考。最后进行项目总结，强调思维过程和方法应用。

（五）教学难点重点

教学重点：

运用计算思维进行问题解决，用人工智能技术助力诗词理解。

教学难点：

代码编写、调试及对于已有知识的灵活运用；利用数据得出恰当的结论。

三、教学过程

（一）环节一：情景导入，引出课题

播放中央广播电视总台的文化节目《中国诗词大会》的视频片段，教师与学生一起进行飞花令游戏，引出主题：诗词是中国古代优秀的传统文化，是古人留给我们的宝贵财富。以唐诗为例，数量惊人，我们学习的只是九牛一毛，想要更加全面地了解唐诗（如哪位诗人作诗最多，诗人作诗喜欢用什么词语等），可以借助人工智能技术，从新的角度去了解、分析唐诗。

《中国诗词大会》是学生比较熟悉的电视节目，影响力比较大，通过视频内容及游戏设置，激发学生的学习兴趣，为学习本节课的内容做好准备。

（二）环节二：项目梳理，初步实践

《全唐诗》共九百卷，是清康熙时任江宁织造的曹寅奉康熙皇帝之命，起用当时已退居扬州的彭定求、杨中讷等十位翰林编纂的。该书共收整个唐五代诗"四万八千九百余首"，作者"二千二百余"人，它对于研究我国唐代的历史、文化和文学，有着极大的参考价值。

本节课我们以"找出《全唐诗》中出现频率最高的词语"为例，对比人工查找与人工智能查找的异同，从而列出解决问题的方法及步骤。

通过分析发现，需要用到的技术有：

1. Python 程序读取《全唐诗》文件；

2. 将文件中的内容进行分词；

3. 记录每个词出现的次数；

4. 按次数由大到小排序。

其中，前两个问题属于基本方法问题，后两个问题属于算法问题。

首先解决第一个问题，用 Python 读取 txt 文件，需要用到的主要语句为：txt=open（"全唐诗 .txt"，"rb"）.read()，对于学生来讲，难度较低，但需要注意两个问题：

1. txt 文本格式在保存时选择编码 UTF-8；

2. 文件路径可为绝对路径也可为相对路径。

能够读取《全唐诗》文本文件后，需要将文件内容进行分词。分词就是将连续的字序列按照一定的规范重新组合成词序列的过程；属于对自然语言的处理，而自然语言处理是计算机科学领域与人工智能领域中的一个重要方向。在 Python 中，分词可以用 jieba 库来实现，具体程序为：

```
import jieba                    # 导入 jieba 库
text=open('wenzi.txt', 'rb').read()
listfc = jieba.cut(text)       # 建立列表存贮分词结果
```

通过上述内容，让学生掌握进行分词的基本方法，从而为下一步设计算法奠定知识基础。

（三）环节三：设计算法，词频排序

本环节的主要内容是使用 Python 实现词频统计的排序，按照词语出现的频率由高到低显示，让人一目了然地知道出现频率较高的词语。

这是本单元难度最大的内容，排序方法是新授内容，并且涉及字典又转换为列表等内容，学生容易出错。

通过 jieba 分词我们可以将词存储在列表中，这些词会有很多重复，所以我们第一步工作应该是统计出每个词出现的次数，第二步再根据次数进行排序。那什么数据类型既可以存放键又可以存放值呢？就是字典，因此可以把列表中的词统计次数存放到字典当中，这就要用到将列表转换为字典的方法，具体如下：

counts={}

fori in listfc:

    counts[i]=counts.get(i,0)+1

print(counts)

通过上面的方法，已经统计出每个词语出现的次数，但它们在字典中的顺序是按词语出现的先后顺序排列的，不能一目了然的看到出现频率较高的词语，所以还需要以次数为关键字进行排序，就需要将字典再次转换为列表，用排序函数进行排序：

listfc=list(c.items())

listfc.sort(key=lambdax:x[1],reverse=True)

通过上述实践，就能显示出词语由多到少的出现频率，这为下一步分析做好了准备。

（四）环节四：讨论分析，加深理解

观察上面程序的结果，我们会发现有统计结果中除了有词语，还有单字。在实际的词频统计中经常会发现类似"之""的""了"等单字，这是不需要进行统计的。因此我们需要去除单字，用到如下方法：

```
counts={ }

for i in listfc:

    if len(i)==1 or i='/r/n':

        continue

else:

    counts[i]=counts.get(i,0)+1
```

根据程序运行结果，我们可以看到除去诗人外部分出现频率较高的词语，那么请同学思考一下，为什么这些词语出现的次数多呢？与诗人的生活有什么关系么？表达了诗人怎样的情感？

白居易 2696	何处 1647	不知 1380	万里 1296	杜甫 1188
今日 1152	春风 1131	白云 1088	千里 1053	不可 988

【分析】

首先通过程序运行结果，可以直观地看到，写诗最多的诗人是白居易，其次是杜甫，"何处"出现频率最高。

其次，以"万里"为例进行分析，说出含有万里的诗句：

1.长风万里送秋雁，对此可以酣高楼。

2.此地一为别，孤蓬万里征。

3.万里悲秋常作客，百年多病独登台。

4.秦时明月汉时关，万里长征人未还。

5.瀚海阑干百丈冰，愁云黲淡万里凝。

通过思考及查阅资料，分析"万里"的含义及作用：

1."万里"指路途遥远，古代交通不发达，出门回家不容易。

2.诗人经常借诗明志，用"万里"来展现自己的抱负。

3.诗人作诗会用夸张的修辞方法。

【学生实践】

每位同学选择一个出现频率较高的词语，尝试分析诗人为什么常用这个词语，有什么原因。

【拓展思考】

通过词频统计，你还能得到那些信息？你能否对尝试词频统计结果进行进一步的处理，从而获得更多的信息？

学生学习信息技术，很多时候只停留在软件的应用阶段，而对于程序设计，由于时间有限，学习的深度不够，只能解决看起来很简单的问题。通过此项目的完成，让学生明确程序设计可以完成更加智能的工作，并在此过程中利用技术方法分析我国优秀的传统文化，既对学习过的知识进行运用，又从一个新的角度让学生认识唐诗，一举两得。

从故宫花窗投影灯感受结构之美

马 欣

◎　学科：劳动技术
　　学段：七年级

◎　中华思想文化术语

【结构】最初指房屋的构造样式，后指文艺作品的谋篇布局和各部分的组织排列。在书法理论中，"结构"既指单个字的结体，也指整幅作品的章法与分布。其中，笔画的长短粗细俯仰等，决定每个字的形态，故"结体"是书法艺术的根本要求。在诗文理论中，"结构"指诗句起承转合等方面的布置，或用于评价文章的结撰。在戏曲、小说理论中，"结构"用得更加广泛。明末清初曲论家李渔在《闲情偶寄》中认为"结构"就像造物赋形，先要有轮廓，然后再有血肉，最终五官、躯体具备；又像工匠盖房子，要先胸有成局，不能边建边设计修改。李渔的结构论包括了"立主脑""脱窠臼""密针线""减头绪"等内容，强调戏曲是综合布局的艺术。在说明文艺作品中部分构成整体的组织与安排时，"结构"是最合适的术语。

◎　课　例

一、设计思路

　　故宫是明清两代皇宫，也是我国现存最大、最完整的古代木结构建筑群。故宫中的建筑体现了中国古代建筑艺术的优秀传统和独特风格，可谓代表了中国古代建筑工程技术的最高水平。

　　窗：本作"囱"，同"窻""窓""牕""牎"。古建筑中的窗，主要是为了"通"的功能，即通风和采光。窗在中国有着漫长的发展历史，是传统建筑最具特色的部分，体现了中国传统文化的历史内涵、审美意蕴和空间美感。而故宫中的窗，更是集精华于一身，内容丰富，技艺精湛。

二、教学背景

（一）教学内容分析

　　本课教学内容是围绕故宫花窗投影灯进行的，将故宫中窗棂的相关知识融入教学，带领学生了解中国古建筑的窗，体会它所传达的中国传统文化的历史内涵、审美意蕴和空间美感，从而形成健康的审美情趣，体认优秀民族艺术与文化遗产。

（三）学情分析

　　1. 认知特点：七年级（初一）的学生正处于中小衔接转折期，求知欲强，喜欢新鲜、有挑战的课堂活动，发散思维、求异思维非常活跃，对动手实践兴趣强、热情高。

　　2. 知识与技能储备：学生已经学会使用 Illustrator 设计雕刻作品，如名字挂饰、雪花杯垫等，将设计出的作品利用雕刻机制作成了成品；已经认识了多种电子元器件。

3. 习得障碍：部分学生注意力难以长时间集中，此次设计制作是学生第一次自己设计制作，虽然学生已有足够的电路制作经验，但自主设计还是第一次。

（三）教学目标

学会常见生产工具、新技术的使用方法，形成健康的审美情趣，体认优秀民族艺术与文化遗产，初步感受劳动创造带来的快乐与成就感。

（四）课时安排

2 课时。

第 1 课时为外观设计。了解故宫的窗的结构与外观特点，设计投影灯的花窗和文字部分；

第 2 课时为电路搭建部分。利用串联电路实现 LED 灯亮，从而完成整个作品制作。经历设计外观→花窗雕刻→电路搭建→组装投影灯这一过程，体验从设计到制作出成品的过程，激发自主创作作品的兴趣，初步感受劳动创造带来的快乐与成就感。

（五）教学难点重点

教学重点：

1. 了解故宫的窗的结构与外观特点。

2. 了解三角开关、食人鱼 LED、纽扣电池的使用方法。

3. 学会简单串联电路、应用三脚开关控制食人鱼 LED 亮灭。

4. 学会制作投影灯电路。

教学难点：

1. 学会用 Illustrator 设计投影窗棂图案和文字。

2. 学会简单串联电路在实际应用中的搭建方式。

3. 初步体验光敏电阻控制电路。

三、教学过程

（一）环节一：情景导入

教师活动：

播放视频，并提出问题：古代的窗是什么样子的？

学生活动：

观看视频，观察故宫中的窗棂的样子，回答问题。

设计意图：

通过创设贴近学生生活的情境，激发学生对优秀传统文化的兴趣，从而引出本课教学内容。

（二）环节二：故宫窗棂传统文化学习

教师活动：

1. 介绍窗棂的出现与发展。

2. 古代窗的分类（按形式）：菱花窗、支摘窗、直棂窗、什锦透窗，等等。

3. 常见的花窗样式与寓意。

◎ 三交六椀式

是用三根棂条交叉组成若干的等边三角形，三角形相交之处便成为一朵六瓣菱花，然后用一颗贴金的小钉钉在菱花心上，起到装饰作用。在所有窗中等级最高，象征正统的国家政权，内涵天地，寓意四方，是寓意天地之交而生万物的一种符号。故宫的太和门、太和殿、中和殿、保和殿、文华殿、武英殿等使用的就是三交六椀式菱花窗。

◎ 双交四椀式

双交四椀式窗棂是用两根棂条垂直交叉形成菱花，菱花心上同样用贴金的菱花帽装饰。交叉的方式有正交和斜交之分。正交是指两根棂条呈 90° 垂直相交，并且相交的线与隔扇边框平行，即竖向线与竖向边框线平行，横向线与横向边框线平行。斜交是指两根棂条呈 90° 相交，但与边框又呈 45° 角相交。等级高的建筑使用三交六椀菱花形窗，等级次之的使用双交四椀式花形窗。午门内东西朝房、三大殿两侧的门宇等用双交四椀菱花窗。

◎ 轱辘钱式

图案样式呈现为圆圈中有内向弧形方格，似圆形方孔钱，故得名。古老钱菱花样式有"招则进宝"的寓意。

◎ 步步锦式

是用工字、卧蚕等形状的短窗棂条按规律组合而成的图案，形态优美，深受人们喜爱。步步锦式窗棂蕴含着"步步锦绣、前程似锦"的美好寓意。

◎ 冰裂纹式

是由小木条用攒斗法拼成的。古代私塾教育中，为了激励学子忍耐十年的寒窗寂寞，使用这种图案以求取得"一举成名天下知"的功名。冰裂纹式窗棂象征寒窗，寓意"冰冻三尺，非一日之寒"。

◎ 万字纹式

是由万形字形棂条组成的纹样，呈现出一种旋转的形态。它像天空中气流循环时所产生的螺旋，古人认为这种螺旋运动是生命的动力，寓意着无限循环的宇宙。"卐"字纹四端伸出，连续反复，意为万事吉祥，万寿无疆。有时还会在其中点缀"寿"字和"福"字，更加凸显吉祥寓意。

◎ 灯笼框式

是中间利用棂条攒成简单化、抽象化的灯笼形象，周围点缀团花等雕饰。灯笼框棂格中间留有较大面积的空间，有利于室内通风和采光，因而在其装饰性的基础上增强它的实用性。灯笼是光明和喜庆的象征，灯笼框式棂格寓意前途光明，寄寓了人们对美好生活的向往。

◎ 正方格式、斜方格式

正方格式窗棂又称作网格纹，民间俗称"豆腐格"，是由两根窗棂正交组成的正方形样式。网格纹的各个正方形孔洞代表了处处正直之意。正方格式窗棂寓意建筑的主人富有又正直。

斜方格式窗棂又称作斜方格纹、网纹，是由两根斜棂相交后组成的一幅菱格形样式。据说斜方格的窗棂有获取财富的寓意。

学生活动：

了解古代窗的分类及常见的花窗样式与寓意。

设计意图：

让学生了解古代窗的由来及常见的花窗样式与美好寓意，感受中国传统建筑的特色，领悟中国传统文化的历史内涵、审美意蕴和空间美感，在潜移默化中增强文化自信。

（三）环节三：草图绘制

教师活动：

指导学生绘制草图。

草图绘制要求：1:1原图大小绘制，为方便制图，黑色部分留下，白色部分切割。

学生活动：

以小组为单位绘制草图。

设计意图：

通过绘制花窗图纸，加深对窗棂美好寓意的了解，在实践应用中传承中华优秀传统文化，激活中华优秀传统文化的生命力。

（四）环节四：图形软件设计处理及激光切割

教师活动：

1. 将绘制好的图片扫描成电子版。

2. 讲解 Illustrator 软件转换成矢量图的方法。

- 打开图片

- 图片——图片描摹——扩展

- 右键——取消编组——删除白色部分

3. 利用激光切割机将花窗投影灯外观切割下来。

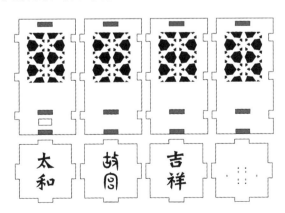

学生活动：

利用 Illustrator 软件将图纸转换成矢量图。

设计意图：

通过知识讲授，学习设计软件的使用方法，将绘制的草图转换成矢量图。

（五）环节五：制作花窗投影灯所需材料及导入

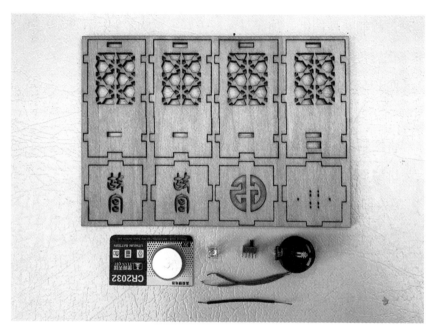

拼插件x1　食人鱼 LED x1　开关x1　电池盒x1　电池x1　导线x3

教师活动：

1.引导学生回顾已完成的花窗及投影文字。

2.抛出问题：如何在有限的空间内完成电路连接。

3.回顾已完成的设计。

学生活动：

1. 聆听问题，积极思考作答。

2. 了解本节课的学习目标。

设计意图：

通过回顾设计内容，引出教学内容。

（六）环节六：复习元器件，串联电路讲解

教师活动：

1. 元器件复习

① 食人鱼 LED

优点：亮度高、承载工作电流大。

注意事项：只用其中两个管脚，区分正负极。

② 纽扣电池及电池盒

优点：体积小、应用范围广。

注意事项：电池安装正反。

③ 三脚开关

优点：体积小、接线方式简单。

注意事项：管脚使用规则，中间管脚必连。

2. 电路原理图

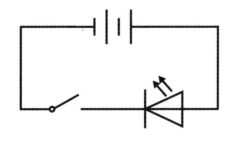

把元器件逐个顺次连接起来的电路叫做串联电路。用开关来控制电路"接通"和"断开"两种状态，又称开关电路。了解元器件的使用方法，区分正负极。

学生活动：

学习简单串联电路、应用开关控制 LED 亮灭。

设计意图：

讲解电路原理图与元器件，加深串联电路知识概念，学生明确元器件正负极，以更准确地连接电路。

（七）环节七：电路连接及拼装

教师活动：

1. 提出问题

① 在现有材料基础上，如何优化电路，以最合理的方式安装电路。

② 文字板块对投影有无影响。

2. 组织学生安装电路、拼插投影灯

① 中间隔板安装 LED。

正面安装 LED，反面按正负极接入导线。

②连接电池盒导线

③安装开关

④拼装

学生活动：

1.学生讨论，思考如何优化电路。

2.聆听老师讲解，连接电路。

3.拼装投影灯，思考文字板块对投影正反有无影响。

设计意图：

通过知识讲解与动手操作，学生学习电路连接方法。

（八）环节八：分享交流

教师活动：

分享小组的设计作品，请设计者说一说采取的窗棂图样及寓意。

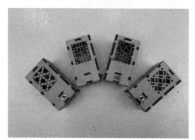

学生活动：

交流分享。

设计意图：

通过分享交流，相互取长补短，发现问题，并找出问题解决的办法，提升问题解决能力。在分享交流中再次巩固窗棂知识，形成健康的审美情趣，以及珍惜优秀民族艺术与文化遗产的态度。

（九）环节九：课堂小结

教师活动：

总结窗棂的知识、总结 Illustrator 软件的操作方法。

学生活动：

听讲、记忆。

设计意图：

进一步巩固相关知识，加深记忆。

中正和合——中轴线创意作品

高智昂

◎　　**学科：劳动技术**

　　　学段：七年级

◎　　**中华思想文化术语**

【中和】人心所达到的中正、和谐的状态。人的喜、怒、哀、乐等情感的活动及其在言行上的表现符合礼的要求，不失偏颇进而达到一种和谐的状态，即是"中和"。治理者如果能够体认并达到"中和"的状态，以此治理天下，天地万物就会处于端正、恰当的位置，和谐、有序，就可以实现彼此间的共同繁荣与发展。

◎ 课　例

一、设计思路

本课程以中轴线所代表的中华民族"中正和合"的审美理念、礼仪规制和价值追求为依托，在培养学生的劳动意识、锻炼劳动能力的同时，以"项目式教学"为方法，以展示"中轴线文化"为主线，将中华思想文化术语"中和"中包含的精神融入中轴线桌面摆件的创作主题中。

本课程在启发学生正确理解中轴线背后的深厚历史文化底蕴的同时，激发他们学习新技能的兴趣，鼓励他们实际运用所学的电路知识和信息技术知识，在不断调整中锻炼自己使用各种工具的能力，最后制作出一个集声、光、控制一体的，具有中轴线特色的桌面摆件。

二、教学背景

（一）教学内容分析

1. 劳动技术课程理念

（1）提高技术素养，关注学生终身发展。

（2）以基本知识、技能为基点，促进学生对技术的理解与应用。

（3）重视问题解决，培养学生综合实践能力。

（4）激发学生对技术的兴趣，开发创造潜能。

（5）实施多元评价，促进学生个性发展。

2. 教材分析

（1）依托于北京出版社的《义务教育教科书　劳动技术——电子技术　7~9 年级》教材第三单元第二节"磁控电路"而设计。

（2）参考《普通高中通用技术课程标准》中培养学生"工程思维、

物化能力、创新设计、技术意识、图样表达"等内容。

（二）学情分析

初中学生好奇心重，对声光效果敏感，容易被精美的物品所吸引。他们已经学习了电学的基础知识，会判断电路状态，会绘制简单的串并联电路图，知道如何利用工具绘图。他们具有一定的与他人的合作能力，但有些同学缺乏团队责任感；具有一定的动手实践能力，但普遍耐心不足，不愿意学习较为复杂的新知识与技能。

（三）教学目标

学生通过体验完整的项目进程了解项目如何进行整体规划。在完成项目的过程中，通过草图的绘画以及使用图形处理软件制作矢量图，提高图样表达的能力。通过自制框架、自设计声光效果提高其创新能力。绘制电路图，并将其物化为实物电路，在掌握焊接技术的同时，形成技术的安全和责任意识。

（四）课时安排

11课时。

单元一：设计草图（课时1）。

单元二：绘图制作（劳技课时2＋信息课时4）。

单元三：焊接炫光（课时2）。

单元四：成品展示（课时2）。

（五）教学难点重点

单元一：设计草图。重点：学习、锻炼利用工具作图，将中轴线文化进行有机融合。难点：将自己的所想进行绘画，并设计出摆件的框架结构。

单元二：绘图制作。重点：对草图的两次加工，使其更加精准、线条连贯。难点：使用电脑 AI 处理手绘图。

单元三：焊接炫光。重点：掌握电烙铁的使用方法，培养安全意识。难点：理解电路图，焊接实物电路。

单元四：成品展示。重点：对成品进行拼装和如何呈现中轴线主题进行汇报展示。

三、教学过程

（一）单元一：设计草图

课前准备好白纸、刻度尺、三角板、铅笔等必要工具。

教师活动 1：首先引入中轴线，突出其浓厚的传统文化韵味（增加学生对于中轴线的认识，增强对作品文化厚重感的体验，让学生对作品更加重视、提高兴趣）。

正如梁思成先生所说："北京独有的壮美秩序，就由这条中轴线的建立而产生。"北京中轴线，向世界传递着中华民族"中正和合"的审美理念、礼仪规制和价值追求。

老师向学生展示"正阳桥牌楼"摆件。此工艺品四面皆有镂空纹饰，正面为正阳桥牌楼主体，正阳桥的牌楼后部粘有一磁铁，磁铁与摆件内部的干簧管发生作用时，会有声光效果伴随而出。

提问学生：老师做了哪些操作？产生了什么现象？现象的成因是什么？（用实际效果吸引学生，激发其主动思考）

打开样品让学生观察，并将样品继续拆解成拼装散件的样子。

创建项目"中轴线桌面摆件"，总体要求：通过绘图及学习电脑 AI 软件处理和焊接技术，制作出一个集声、光、控制一体的，具有中轴线特色的摆件桌面摆件。

具体要求：

1. 技术要求：包含声光效果。

2. 拼插型外壳艺术要求：中轴线为主题（包括并不限于建筑，图案，纹饰等）；外壳形状不局限于六面体；美观且展示性强。

3. 加分要求：新颖的触发方式。

教师活动 2：引导学生进行小组内分工。

教师活动 3：引导学生绘制图样。

在设计框架时注意，几何体的每一面要考虑实际尺寸大小，并且将每一面的大小在白纸上进行 1:1 的比例还原，绘制出一张严格的几何体展开图。

教师引导学生进行思考，在不使用胶粘的前提下，利用锯齿状的边缘相互拼插，那么每一条边到底需要多少条锯齿才最为美观和实用。

引导学生讨论主题，请学生回家后搜集相应的资料。布置任务，让学生将自己要制作的多面体的每一面的实际尺寸以 1:1 比例复制在纸上。

学生活动：观察样品内部结构，对电路组成、发光位置、发声位置，进行猜测。小组讨论：以三人或四人为一个小组，小组内人员自定，以小组为单位进行以下三方面的讨论，并针对项目难度完成合理分工：

1. 摆件的几何形状应该如何？

2. 摆件几何形状确定后大小应该如何？

3. 摆件的主题是要展示中轴线上的哪一座特色建筑或是哪一种特色纹饰？

活动意图说明：第 1 课时作为整个单元教学的第 1 课，教师需要进行简单的项目介绍，让学生对项目拥有整体感觉。另外，由于工作量较大，学生要进行小组合作，那么同一小组的同学要充分协商所要制作的方向以及一些相关制作的细节，尤其是需要在最开始就明确彼此的分工，避免之后再进行相关的工作时出现重复劳动或者产生纰漏。

（二）单元二：绘图制作

课前准备：检查学生是否已经查询好自己所要绘制的图案的相关资料，并以小组为单位上交找好的图片电子版，由老师进行打印。

教师活动 1：引导完成展开图。

学生首先要完成自己上一节课没有完成的任务（即绘制 1:1 的几何体展开图）。在完成之后，学生用碳素笔等将框架再一次进行描摹，此处主要是为了将框架大小锁定，同时便于绘制图案。

教师活动 2：绘画展示面图案。

在已经完成的各面展开图上，选择自己所要绘制的图案、纹饰等，用铅笔将自己搜索到的图片绘画在纸的对应区域上。进行到这一环节时，由于学生的绘画水平参差不齐，可采取主视图（主展示面）由"绘画师"（本组内绘画水平较高的同学）主笔，而其他面的纹饰可交给其他组员，增加集体的参与度。

教师活动 3：引导学生按实际情况检查、改进作品。

在绘画完成后，学生要对自己所画作品进行完善。由于我们使用的是激光切割技术，没有任何连接部分的图案在切割完之后将变成镂空的部分，需要提醒学生关注自己所绘制的作品是否存在着图案镂空后掉落的情况。经反复确认无误后，再由老师帮助检查，发放黑色马克笔，学生用马克笔将保留的地方涂成黑色，镂空部分则为白色。教师用扫描仪进行扫描，将学生绘画的作品转变为电子图片，传给信息老师，由信息老师进行电脑软件部分的教学。

教师活动 4（信息）：电脑软件的使用（在信息课上学习 Illustrator

的使用方法）。

学生活动：用不可擦拭的碳素笔、马克笔、水彩笔等，将各个部分的边界重新描摹，得到可以用于绘制图案的 1:1 比例的草图底案。在草图底案上完成对各个面图案的绘制，图案的来源取决于学生课下搜索的含有中轴线特色的建筑或者物品，再通过组内的分工共同完成各个展示面上的建筑、图案、纹饰的绘画。

活动意图说明：本节课作为第 2 节课，按照正常的项目流程进行，需进行到学生进行绘图制作的部分。绘图制作主要包括两点，一是手绘，二是电脑处理。电脑处理部分通过与信息学科相互合作完成。

在这节课之前，学生已经在学习电脑相关软件了，而如何将手绘图处理并转换成为可用于雕刻的图，一方面需要手绘图具有一定的规范性，同时要求信息课上学生认真学习，并按小组分工合作。学生从单纯的被动的技术学习转变为为了解决实际需求而主动学习，可大大增加学习的积极性。

（三）单元三：焊接炫光

课前准备：以学生两人为一组准备好相应数量的电烙铁、焊锡以及烙铁架。将桌面断电源断电，并将相应数量的电烙铁放置在桌子上。

教师活动 1：讲解安全事项。

上课之后先由教师明确：未经允许禁止触摸和使用桌上任何工具，未经允许禁止随意下座位走动，禁止在屋中出现打闹情况，烙铁线一定不能触碰到烙铁头，电烙铁不用时必须放在烙铁架上并且断开电源。

明确安全细则后，教师开始讲解电烙铁：作为焊锡工具，电烙铁分成内热式和外热式两种。在学生简单了解了电烙铁内外热式的加热方式后，教师再介绍焊锡的材料：材料是铝与锡的合金，熔点在 183°，说明电烙铁温度一定高于 183°。

电烙铁的握法：主要是笔握式，即像拿笔一样握着电烙铁。右手拿电烙铁，左手使用焊锡丝，头部距离电烙铁约为 30—40 厘米，烙铁架要放在右侧前方，烙铁线要在手背外侧。

焊接方法：分带锡焊接和点锡焊接两种，带锡焊接只烙铁刃口染上适量的锡，焊接时烙铁刃口准确接触铜箔，焊点与原件引线处进行焊接即可。点锡焊指的是烙铁头的刃口，放在电源引线与安装板焊点位置，左手拿焊锡丝接触烙铁刃口，与原件引线焊接位置，控制焊点控制锡量。

在使用焊接的过程当中，要注意先取走焊锡，再向上移走电烙铁，整个过程要在 3—5 秒内完成，锡量过多与过少都容易造成假焊及虚焊情况。

教师活动 2：教室在黑板上绘制灯光部分电路图，并将适当数量的 LED 灯以及电路板发给各个小组。按照并联的电路连接方法进行实物电路的焊接，教师要时刻巡视，若有小组有新的想法，则针对个别小组绘制专属电路图。

学生活动：首先学习使用电烙铁的安全细则，明白在电烙铁工作时，温度很高，从而对工具的使用充满着敬畏之心。练习电烙铁使用时的正确握姿和使用方法，两人为一组，交替使用一个电烙铁。不使用者从旁边作为监督者，如果使用者哪一个步骤出现了明显的失误，那么作为监督者的另一同学需要大声指出他的错误,并将危险的错误操作上报老师。学生熟练掌握后便可开始对摆件的电路进行设计,应用串并联电路知识,绘制出电路图。涉及的内容包括：触摸式开关、倾斜开关、干簧管开关等多种开关形式，以及 LED 灯，自带闪烁的 LED 灯，LED 灯带，语音模块等电子相关的器材。

活动意图说明：在图片完成后，学生首先需要巩固劳动安全意识，需要在劳技课上学习如何制作摆件的发光部分。根据上学期所学习的电路相关知识，学生已经会从电路图上区分什么是并联及串联电路。本单元给定基础电路图，让学生自己进行选择，根据自己作品的特色选择不同数量的发光 LED 灯以并联的形式接入电路。以项目需求促进技能的学习，在学习完焊接过程之后，学生可按照自己的需求选择是否增添语音模块部分，并且也可自行设计不同的开关形式，激发创造力。

（四）单元四：成品展示

课前准备：课前让学生准备自己所制作摆件的相关背景知识，如制作天安门城楼相关的作品，则介绍天安门的历史进程及相关历史意义。

教师活动 1：请学生以小组的形式，对自己的摆件进行最后一步处理，教师指导学生粘贴硫酸纸，将发光单元放入摆件中。

教师活动 2：组织学生以小组的形式对自己所制作的摆件进行展示，展示内容要包括自己设计的尺寸数据、展示面来源及相关历史资料。督促其他学生为正在展示的作品进行打分。待所有小组打分完毕后，小组成员内部进行互评打分。课后，将所有学生的打分表回收，并按照作品成绩和学生自评成绩，给学生中轴线摆件项目打分。

四、附录

学生作品：

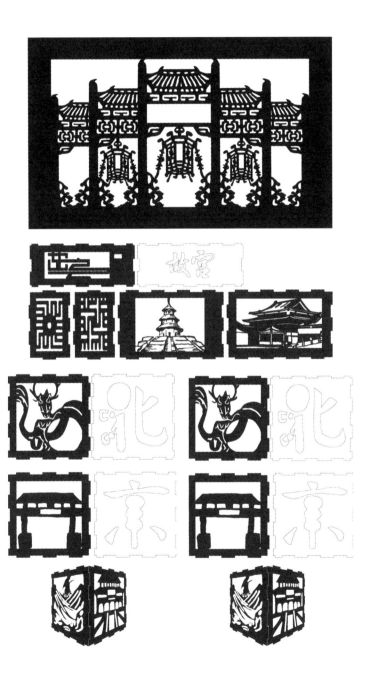

自然——中国古代的科技发明

张 金

◎　学科：物理

　　学段：八年级

◎　中华思想文化术语

【自然】事物的本来状态，旨在与"人为"的意义相区别。哲学意义上的"自然"概念，与常识性的"自然界"概念不同。在日常语义中，"自然界"指人与社会之外的物质世界，这一领域是不受人为干扰的。但从哲学层面来看，人与社会也有其"自然"状态。在政治哲学领域，"自然"特指百姓在不受行政教化干预的情况下自己而然的状态。道家主张，君主治理国家应遵循、顺应百姓的"自然"状态。

◎ **课 例**

一、设计思路

中华传统文化是中华民族的根基和魂魄，传统文化教育是青少年提升自我认知、增强民族归属感的重要内容。近年来，国家对传统文化教育的关注度越来越高，在我国教育部颁布的文件和课程标准中都有具体体现。中国传统文化与学科教学的相互融合已经成为当前的研究热点。

中华传统文化是中华民族几千年文明的结果，是中华民族在长期自由自觉的活动中所积累和沉淀下来的。将中华传统文化融入初中物理课堂教学，创设真实的物理情境，不仅能够吸引学生的注意力、增强学生学习物理的兴趣，也可以提升学生的爱国精神和民族自豪感。

二、教学背景

（一）教学内容分析

"杠杆"，是人教版《义务教育教科书 物理 八年级 下册》第十二章"简单机械"的第一节内容，是学生在比较熟练地掌握了力学相关知识后进行的，是对以往力学知识综合运用的体现，也是后面将要学习的滑轮知识的基础。

在教学中通过多样式体验学习，学生了解古代科技成就与现代科学技术，并进一步推动他们在日常生活中进行实践操作，促进学生"知行合一"，进而做到"学以致用"。

（二）学情分析

学生通过有关力的知识的学习，对力的知识，物体运动与力的关系、平衡概念等有比较深刻的认识；另外学生已学会了天平的调节，这些都为学习本节做好了铺垫。学生对力臂概念容易依靠经验存在错误认知，因此，教师要设置出学生感兴趣的活动、布置合适的任务，鼓励他们积极地去观察、讨论、猜想、探究。

学生在生活中对一些工具的使用缺乏深刻的体验。学生对生活中利用杠杆原理的事物有一定的了解，教师可以逐步引导学生了解中国古代劳动人民使用杠杆的历史。

（三）教学目标

1. 物理观念

（1）能识别出杠杆，并能准确找出支点、动力阻力、动力臂、阻力臂，会画力臂。

（2）能够从机械平衡的角度认识杠杆的平衡。

2. 科学思维

（1）通过观察杆秤的实验，体验剪刀、瓶起子等工具的使用，发展归纳总结，建构物理模型的能力。

（2）通过体验和实验，构建力臂概念，发展科学推理和质疑创新的能力。

3. 科学探究

（1）经历感受力臂变化对力大小影响的过程，提高发现问题并提出合理猜想假设的能力。

（2）通过设计实验探究杠杆平衡条件，学习杠杆使用的方法，提高动手实践和团队合作的能力。

4. 科学态度与责任

（1）在应用知识解释现象、解决问题的过程中，尊重事实，敢于质疑，勇于创新。

（2）了解我国古代杆秤的使用原理，培养文化自信，激发学科学的热情。

（三）课时安排

2 课时。

（四）教学难点重点

教学重点：

探究杠杆平衡条件，利用杠杆平衡条件对生活中的杠杆进行分类。

教学难点：

画出杠杆的力臂、杠杆的应用；分享杆秤的制作；分析人体内的杠杆。

三、教学过程

（一）环节一：导入

演示实验：展示杆秤，演示用杆秤测量大米的质量。

设计意图：以学生不常见的杆秤引入，激发学生学习兴趣。

（二）环节二：建立杠杆概念

组织学生使用常见工具，如用剪刀剪纸片，用瓶起子开瓶盖，用食品夹夹取物品。

问题 1：这些工具有哪些使用方法？

问题 2：这些工具在使用时有哪些共同特点？

设计意图：体验体会工具的特点，得出杠杆概念。培养学生的归纳能力。

接下来，教师介绍杠杆五要素。由杠杆的概念，先介绍学生在体验中已经发现较为明显的支点、动力、阻力。然后组织学生利用问句搭建简易撬棍模型。

问题 3：体验当改变支点位置时，力的大小有什么不同？

问题 4：撬动同一本书时，猜想一下是什么影响了动力的大小？

学生猜想动力作用点到支点的距离是影响杠杆平衡的因素。

设计意图：在实际体验中暴露学生前认知。

演示实验：用多个不规则形状杠杆，验证学生猜想：支点到力的作用点的距离影响杠杆平衡。

学生观察不同形状的杠杆在什么位置悬挂数量不变的钩码时，能保持同样的水平静止状态。

设计意图：层层递进通过实验解决学生易错的前认知，利用直观的展示方法引导学生发现力臂。

问题 5：对比三次实验中右侧钩码对杠杆施加力的位置及方向，发现了什么共同点？

学生思考是什么距离影响杠杆的平衡。通过实验引出力臂的概念。以剪刀为例分析动力臂、阻力臂的位置。

教师带领学生画力臂，示范力臂的画法。

设计意图：突破力臂的概念，通过及时的反馈练习掌握找到力臂的方法。

（三）环节三：探究杠杆平衡条件

问题 6：我们在研究小球或小车的运动时，存在几种平衡状态？

问题 7：同学们认为转动的杠杆有几种平衡状态？

教师介绍实验用杠杆的基本构造和基本使用方法。

问题 8：要想探究力与力臂的关系，我们有几种方法？

问题 9：力臂如何测量？倾斜静止时能否直接用杠杆上的刻度尺测量？

设计意图：帮助学生认识仪器。通过倾斜的平衡状态，突出实验前调水平的重要性，并再次加深杠杆力臂的概念。

（四）环节四：杠杆的分类

教师：

生活中有许多杠杆帮我们解决生活中的实际问题，以下这些就是常用的杠杆。

1. 省力杠杆

学生活动1：尝试剪铁皮，从感受中体会省力杠杆在实际生活中的应用。

学生活动2：用铁皮剪刀剪笑脸与拿着其他剪刀比拼速度，慢下来的小组分享在剪纸中遇到的困难。

2. 费力杠杆

学生活动3：体验、感受使用过程，将从实物中抽象出杠杆模型。

师生一起分析、交流费力杠杆的特点。

问题10：想将钉紧在木头上钉子起出来，你会选用什么样的工具？

问题11：用了羊角锤，还是起不动，怎么办？

从五要素出发，找出影响省力和费力的因素。

设计意图：提高学生的分析归纳能力，启发他们从生活走向物理，从物理走向社会。

（五）环节五：杠杆的应用

教师：

其实早在古代，人们就已经开始使用杠杆为自己服务。这是我国古人使用杠杆的情景——利用撬棒撬动很重的圆木。

桔槔的结构，相当于一个普通的杠杆。在其横长杆的中间由竖木支撑或悬吊起来，横杆的一端用一根直杆与汲器相连，另一端绑上或悬上一块重石头。当不汲水时，石头位置较低（位能亦小）；当要汲水时，人则用力将直杆与汲器往下压，与此同时，另一端石头的位置则上升（位能增加）。当汲器汲满后，就让另一端石头下降，石头原来所储存的位能因而转化：通过杠杆作用，就可能将汲器提升。这样，汲水过程的主要用力方向是向下。由于向下用力可以借助人的体重，因而给人以轻松的感觉，也就大大减少了人们提水的疲劳程度。这种提水工具，是中国古代社会的一种主要灌溉机械。中国古代汲水或灌溉用的简单机械，根据杠杆原理制成。它能改变用力方向，使水桶上提时省力。

学生讨论、分享、交流。

设计意图：认识杆秤的历史，增强学习中国传统文化，了解古代文化。

节气里的文化密码

高　翯 [①]

---

① 本文作者来自北京市东城区教育科学研究院。

◎　　学科：综合实践

　　　学段：七年级

◎　　中华思想文化术语

【节气】二十四节气的简称，是中国传统农历中特有的现象。古人为了能更好地进行农事活动，从长期的农业实践中总结出了一套用于指导农耕的补充历法。根据太阳一年内在黄道的位置变化以及地面相应发生的气候、物候变化情况，把一年分成二十四段，每一段起始于一个节气，分列于十二个月，这就是二十四节气。二十四节气通常均匀分布于每月，月首的叫"节"，月中的叫"气"（每三年会出现有"节"无"气"或有"气"无"节"的情况，这时需设闰月进行调节）。节气的命名反映了季节、物候、气候三方面的变化。反映季节变化的是立春、春分、立夏、夏至、立秋、秋分、立冬、冬至八个节气；反映物候变化的是惊蛰、清明、小满、芒种四个节气；反映气候变化的有雨水、谷雨、小暑、大暑、处暑、白露、寒露、霜降、小雪、大雪、小寒、大寒十二个节气。二十四节气在秦汉时期就已形成，两千多年来，既有辅助农业生产的实际功效，也成为中国人所特有的时间观念。

◎ **课 例**

一、设计思路

本课程设计时，以传统文化中的二十四节气为切入点，结合综合实践课程对学生探究能力、创新意识、实践能力、社会责任感的培养，最终达到促进学生全面发展和师生共同发展的目的。

二十四节气是中华民族长期经验的积累和智慧的结晶，既是我国传统历法的一部分，也是我国传统文化的一部分。基于二十四节气的气候特征形成了特定的文化特征以及相应的民俗，有的甚至变为传统节日。本课程聚焦二十四节气中春、夏、秋、冬四个季节的代表性节气，围绕"演一春剧、诵一夏诗、绘一秋画、品一冬食"等内容，尝试将二十四节气与戏剧、诗词、绘画、美食进行融合，引导学生在节气里知冷暖、晓时节、懂文化、会生活。

二、教学背景

（一）教学目标

引导学生感受劳动人民的辛勤与智慧，培养学生热爱祖国、热爱劳动、热爱生活的情感。通过学习冬至饺子的制作，了解节气与食俗的关系，感悟饮食文化的历史积淀与文化底蕴，加深对传统时令饮食的认识与了解。

1. 坚定文化自信。增强对二十四节气的认识，体会中华优秀传统文化中倡导的人与自然和谐共生的理念，增强对中华优秀传统文化的认同。

2. 厚植家国情怀。了解不同节气里各地区、各民族的饮食文化，加深对家乡风土民情的认识和对家乡的热爱。

3. 提升审美素养。以节气为载体设计的活动内容，有机融入生活劳动和创意元素。学生通过集知识性、趣味性于一体的契合节气的实践活动，掌握节气特色饮食的制作方法，体会劳动创造美好生活的真谛。

（二）教学内容

本课程立足"演绎节气故事，诵咏诗词歌赋，绘创四季美景，悦品时令美食"，深入认识自然环境对人类活动的影响，以及人类因地制宜发展生产的过程，从探寻审美源泉、启思审美过程、感悟审美情趣三个角度培养学生的文化审美，感悟中华传统文化的魅力及天、地、人和谐发展之美。

（三）学情分析

七年级（初一）的学生有一定的知识储备和生活经验积累，思维活跃，动手操作能力强，拥有一定的创新能力和表现力，能够在教师指导下认真完成各类活动。随着年龄的增长，他们对文化开始有独立的见解，自主性需求日趋强烈，价值观逐渐建立并日趋成熟。

（四）课时安排

本单元课程将二十四节气与戏剧、诗词、绘画、美食进行融合，引导学生感知节气里的文化与审美元素，共分为4课时，具体安排如下：

第1课时　节气故事——年兽的故事（1课时）

运用戏剧教育范式，师生共同编演《年兽的故事》，探究冬去春来的节气变化，了解放爆竹、贴春联、点灯火的节气习俗，感悟历史文化。

设计意图：通过排演戏剧，了解冬去春来的季节更替，了解春节放鞭炮、贴窗花等节庆习俗的由来。

第2课时　节气诗词——诗歌里的时间之美（1课时）

班级分为四个小组，以小组合作形式，围绕春、夏、秋、冬四个季节，搜集与二十四节气相关的古诗词，每组选定两首节气诗歌。通过小组诵咏展示，赏析古诗词，感悟其中的文学造诣与文化内涵。

设计意图：通过搜集与二十四节气相关的古诗词，学会从文学角度鉴赏诗词，挖掘节气的文学价值及文化内涵。

第 3 课时　节气文创——团圆（1 课时）

围绕二十四节气中与团圆紧密相连的节日——中秋节，寻找生活中与秋季相关的事物和现象，以"团圆"为主题，运用色彩、手工、剪纸等多元艺术形式，创作绘画作品，表达团圆主题。

设计意图：体验节气中人们特定的生产与生活活动，用艺术语言表达家国情怀，感受中华传统文化的魅力。

第 4 课时　节气美食——冬至饺子（1 课时）

以小组合作形式，搜集与二十四节气相关的美食资料，了解不同地区的节气习俗与美食文化，学习制作北方节气美食——冬至饺子。

设计意图：了解与二十四节气相关的美食，理解自然环境对我国地方特色饮食文化的影响及其乡土文化内涵。通过制作节气美食，增强劳动技能及实践能力，感悟中华民族勤劳质朴的特点。

（五）教学难点重点

教学重点：

引领学生认知、感悟二十四节气蕴含的民俗文化、诗歌文化、节日文化及饮食文化，了解、掌握二十四节气的历史渊源和文化习俗，增强学生对节气文化的认同和体验，树立文化自信，提升实践能力、审美素养与综合素质。

教学难点：

学生在参与戏剧排演、诗歌展示、艺术创意、饮食制作等课程内容的过程中，自主性、实践性与创造性的充分发挥。

（六）课程评价

本课程的评价方式有两种：①课堂中过程性评价。②课后自评、互评等方式。

（七）本单元教学特色分析

1.学科融合

本单元课程所教所学内容都与学生的校园生活、家庭生活、社会生活紧密相连。依托戏剧、诗歌、绘画、饮食等，融合语文、美术、戏剧、劳动等多个学科，引导学生多角度感悟二十四节气所蕴含的文化内涵。

2.多元参与

学生自主探究始终贯穿本单元课程的每个环节，各个环节紧密联系，层层深入，从表演到吟诵，到绘画，再到劳动实践，学生的肢体、声音、艺术创造、动手能力都得以展现，从而真正触摸节气里的文化元素。

3.小组探究

在单元教学的过程中，学生分为小组开展团队探究，在前期查阅资料，整理信息的准备阶段，培养了团队协作能力。现场展示环节，为更多学生提供了释放表现力的机会，促进学生自发的参与意识与学习能力的提升。

三、《节气里的饮食文化》教学过程

（一）环节一：导入情境

教师活动：播放"二十四节气"主题视频。邀请同学们回顾"二十四节气歌"（"春雨惊春清谷天，夏满芒夏暑相连。秋处露秋寒霜降，冬雪雪冬小大寒"）。教师补充后四句"每月两节不变更，最多相差一两天；上半年来六廿一，下半年是八廿三"，解释"每月两节不变更"指的是每个月都有两个节气，"最多相差一两天"指的是节气时间和预测时间相差不会超过一到两天。

板书：二十四节气

学生活动：观看视频，背诵"二十四节气歌"。

设计意图：在视频与节气歌里感受二十四节气的更替与变化。

（二）环节二：自主探究

教师活动：教师围绕立春、小满、立秋、冬至，介绍节气习俗与饮食文化。

板书：节气里的习俗与饮食文化

学生活动：学生分为四个小组，结合春、夏、秋、冬四个季节，交流分享节气习俗及饮食文化。

设计意图：通过交流分享，体会二十四节气中丰富的文化内涵。

（三）环节三：发散延伸

教师活动：介绍各地的"冬至"饮食及风俗。

北方：饺子

江南：汤圆

安徽：鸡蛋挂面

山东：羊肉汤

浙江：擂圆

福建：麻糍

学生活动：讨论这些饮食与风俗的相同点与不同点有哪些，以及为什么。

设计意图：引导学生了解各地的节气风俗和饮食特色，感受中华优秀传统文化的博大精深。

（四）环节四：实践操作

教师活动：介绍和面、擀皮、调馅儿等准备工作、掌握包饺子的动作要领。

板书：冬至饺子

学生活动：体验擀皮、调馅儿、包饺子的过程，掌握包饺子的动作要领，感受祝福、祥和的文化氛围。

设计意图：从传承节气饮食文化的角度，掌握一项生活劳动技能，提升文化自信。

四、附录

◎ 《节气里的饮食文化》学习单

（一）节气里的食俗文化

1.春·立春——挂"春幡"。新年伊始，春节过了之后第一个节气便是立春，立春的到来代表着春暖花开、冰雪融化、生命逐渐苏醒的蓬勃景象。立春挂"春幡"是指各家各户贴对联，此举是为了喜庆能够继续延续下去，显得春意浓浓，也象征着吉祥。同时许多地方在正月十五时举办元宵节，所以在春节以及元宵节的背景下，立春这一节气的画面表现中也可以看到许多灯笼挂在刚刚发芽的树枝上，表达了人民内心对春回大地的欢庆和新年安康的祈愿。

2.夏·小满——端午节。"小满小满，江河渐满。""满"，既可指籽粒之熟，也可指雨水之盈。小满也是二十四节气之一，属于夏季的第二个节气，这个时候还是端午佳节时期，有吃粽子、划龙舟的民俗活动。在画面上可以看到田垄之间人们在赛龙舟，庆贺端午佳节，大面积的水面，表示出着小满季节降雨多的特点。

3.秋·立秋——贴秋膘。"秋，揪也，物于此而揪敛也"，立秋时闷热的暑气渐渐散去，秋风中带来了一丝凉意，也预示着草木要开始结果孕籽，农作物会进入重要生长发育时期，也就是即将收获的季节。人们在炎炎夏日往往胃口不好，两三个月都是清淡简单的饭食，这样下去人便会消瘦许多。到了秋天，天气变得凉爽，人们也会胃口大开，吃点好的、有营养的，补偿夏天的损失，也就叫"贴秋膘"。

4.冬·冬至——吃饺子。冬至这个节气之后，天气逐渐变得越来越冷，俗话"冬至不端饺子碗，冻掉耳朵没人管"，是为了铭记医圣张仲景的"祛寒娇耳汤"之恩，因饺子形状小巧玲珑，圆润饱满，形似耳朵，也就被称为"娇耳"。现在的人们依旧认同并且遵守这个古老的习俗，冬至这一天，会包饺子吃饺子，这一习俗渐渐传承下来，直至今日。

（二）小组探究

各地的"冬至"饮食及风俗

	相同点	不同点	产生原因
北方			
南方			

学中华优秀传统美德故事　做有『格』中学生

刘　芳

◎ 　学科：道德与法治
　　学段：七年级

◎ 　中华思想文化术语

【格】对人、事、物的考量与推究。是儒家提出的获得正确认识、培养道德良知的途径，具有方法论的意义。"格"亦有规范、准则的意思。用于人物品评，则指人的道德水平和思想境界，即人格。用于文艺批评，主要有三重含义：其一，指诗文写作的基本要求和方法；其二，指作品的品位、品格与境界；其三，指作品的体制、组织结构，是内容特色和形式特征相统一而呈现出的整体格局，仍不离衡量作品水准这一核心意义。

【行己有耻】对自己的言行保持羞耻之心。出自《论语》。在孔子看来，一个人的德行的养成不只是言语、行为符合外在的规范，更要在内心对于自身的不足或违礼背德之行感到羞耻，进而能够在羞耻心的刺激下，按照德礼的要求改正、完善自己的言行。羞耻心的确立是儒家教化的重要目标。

◎　课　例

一、设计思路

本单元内容主题聚焦"青春"，教学内容却不局限于"青春期"，强调从"身体—心理—精神"的整体状态来看待青春成长；教学目的不仅是关注初中阶段的学习与生活，更是为孩子的一生奠定基础。

从解读"格"字切入，引导学生在探索青春的过程中，学会把握青春。让学生以史为鉴，学习反映荣辱观念的历史人物故事，将中华思想文化术语"行己有耻"的精神内涵展现给学生，促使学生理解"行己有耻"的内涵，理解青春需要坚守底线，有所为有所不为。通过"中华美德榜样"故事的演讲活动，学生深刻领会"止于至善"传达出的精神理念，帮助学生追求"至善"的人生境界。

二、教学背景

（一）教学内容分析

本课所依据的课程标准的相应部分是"成长中的我"中的"认识自我"和"自尊自强"。"认识自我"中具体对应的内容标准是："体会青春期的美好，学会克服青春期的烦恼，调控好自己的心理冲动。""自尊自强"中对应的内容标准是："自尊、自爱，不做有损人格的事情。"

本课是人教社《义务教育教科书　道德与法治　七年级　下册》第一单元第三课第二框的"青春有格"，本框与之前所学的"青春飞扬"一框共同组成了对青少年意志品质、精神成长方面的要求。希望通过这一框的学习，学生能具有知耻之心，提高辨别"耻"的能力，树立底线意识，增强自控力。最终，学生达到精神上的升华，在追求"至善"的道路上学会积善成德、见贤思齐、自我省察。

（二）学情分析

七年级（初一）学生处于青春期，青春的力量蓬勃生发，但同时他们对生活的期待、渴望与现实中外部环境对他们的需求能给予的有落差，使得他们容易陷入失落、挫败中，因此变得敏感、脆弱和自卑，甚至会出现逃避或带有攻击性的行为。

与此同时，社会生活的复杂性和价值观念的多元化对青少年成长也会产生不利影响。作为教师，有责任帮助和引导、引领青少年对青春做出规划，让他们学会对自己的行为负责，坚守道德底线，增强法治观念，使自己的青春无悔。

本课作为本单元的升华课，帮助学生把对青春期的理解上升到精神层面。通过前两课的学习，学生对于青春期身体、心理、思维、交往等方面的变化有了一定的认知。本课的设计充分考虑了学生的认知水平和知识积累，让学生了解教材中引用的名言如"行己有耻""止于至善""见贤思齐焉，见不贤而内自省也"等的内涵，感受中华优秀传统文化带来精神力量。同时，通过"中华美德榜样"故事的活动，反思自己的行为，更好地践行社会主义核心价值观。

（三）教学目标

政治认同：通过对以史为鉴明道理的思考，学生感悟优秀传统文化的博大精深、源远流长，理解优秀传统文化中的思想理念与传统美德，增强文化认同感，坚定文化自信。同时，理解孝悌忠信、礼义廉耻的荣辱观念，参与建设崇德向善、见贤思齐的社会风尚。

健全人格：学生正确认识自己、不断完善自我，培养自尊自信的生活态度。

道德修养：通过榜样的故事寄语来增强青少年的责任担当。

（四）课时安排

2 课时。

（五）教学难点重点

教学重点：

理解"行己有耻"和"止于至善"的内涵和要求。

教学难点：

学会修身正己，知道如何做到"行己有耻"和"止于至善"。

三、教学过程

（一）环节一：导入情景

教师展示田字格的图片，告诉学生：这是大家熟悉的田字格，请大家观察并思考为什么练字要从这个"格"开始。

在学生们思考后，教师展示以下语句，特别强调其中的"格"。

> 我劝天公重抖擞，不拘一**格**降人才。

> 言有物而行有**格**也。

> 道之以德，齐之以礼，有耻且**格**。

设计意图：通过对"格"的分析，联系中华传统文化，引入本课主题——青春有格。

（二）环节二：行己有耻，以史明鉴，展青春品格

活动①：请学生课前搜集反映荣辱观念的寓言故事或者名人名言，课上讲述内容及背后的故事。

学生讲述的小故事有"盗牛改过""负荆请罪"等（在中国古代文献里，有许多反映荣辱观念的历史故事，如岳飞抗金、苏武牧羊、割袍断义、曾子避席、暮夜却金）。

学生们分享的名人名言有：

"行己有耻，使于四方，不辱君命，可谓士矣。"（《论语·子路》）

"人有耻，则能有所不为。"（《朱子语类》）

"羞恶之心，义之端也。"（《孟子·公孙丑上》）

······

教师引导：

中华传统文化含蓄隽永，蕴含深刻的道理，请你谈谈带给你哪些启示。

教师总结"行己有耻"的含义：

——一个人行事，凡自己认为可耻的就不去做。

——知廉耻，懂荣辱；有所为，有所不为。

活动②：结合生活经验，说说你认为在生活中还有哪些规则需要遵守。

学生归纳总结"行己有耻"的要求：

——知廉耻、懂荣辱，有所为有所不为；

——要有知耻之心，不断提高辨别"耻"的能力；

——要真诚面对自己，闻过即改，知耻而后勇；

——要树立底线意识；

——要磨砺意志，拒绝不良诱惑。

······

设计意图：学生通过对与荣辱相关的历史故事和名人名言的学习，理解"行己有耻"的内涵；之后结合日常生活经验和案例探究，进一步分析和概括"行己有耻"的具体要求，从而为做到"行己有耻"提供具体的路径支撑。

（三）环节三：止于至善，榜样学习，遇见更好的自己

教师过渡：

> 古人说："大学之道，在明明德，在亲民，在止于至善。"核心价值观，其实就是一种德，既是个人的德，也是一种大德，就是国家的德、社会的德。国无德不兴，人无德不立。习近平总书记说："如果一个民族、一个国家没有共同的核心价值观，莫衷一是，行无依归，那这个民族、这个国家就无法前进。"

设计意图：启发学生以修身为本，同时也要有兼济天下的胸怀。

教师引导：在当今社会，社会主义核心价值观则代表着全体人民的共同追求。从而引入第二个目题的学习。

活动①：传承"中华美德榜样"故事会

学生确定主题，进行相关故事收集，课上展示。要求学生给每一位榜样人物撰写一段颁奖词，模拟《感动中国》节目的颁奖词。

教师引导学生讨论、思考：

1. 听了榜样人物的故事和颁奖词，你有何感想？

2. 你认为开展这样的活动，其意义是什么？

3. 你身边的榜样是谁？他给了你怎样的力量？

设计意图：学生通过收集"中华美德榜样"的故事，在模拟举办活动的过程中，更好地理解榜样的力量，理解"止于至善"的内涵和要求，向榜样学习。

归纳提升：

1. 榜样的意义

（1）榜样不仅是一面镜子，而且是一面旗帜。

（2）好的榜样昭示着做人、做事的基本态度，启示我们对人生道

路和人生理想的思考，给予我们自我完善的力量。（对个人）

（3）善于寻找好的榜样、向榜样学习、汲取榜样的力量，我们的社会、国家就会变得更加美好。（对社会）

活动②：读古文原文，感悟提升。

《大学》中说："格物而后知至，知至而后意诚，意诚而后心正，心正而后身修，身修而后家齐，家齐而后国治，国治而后天下平。自天子以至于庶人，壹是皆以修身为本。"

教师讲解：

从传统文化《大学》中对于独善其身和兼济天下的关系做一个阐释。《大学》中从格物致知到修身齐家治国平天下，形成八条目。它既是为达到"三纲"而设计的，也是儒学为我们所展示的人生进修阶梯。

前面四级"格物、致知、诚意、正心"是"内修"；后面三级"齐家、治国、平天下"是"外治"。而其中间的"修身"一环，则是连接"内修"和"外治"两方面的枢纽，它与前面的"内修"项目连在一起，是"独善其身"；它与后面的"外治"项目连在一起，是"兼善天下"。两千多年来，一代又一代中国知识分子"穷则独善其身，达则兼济天下"，把生命的历程铺设在这一阶梯之上。

2.止于至善的具体要求

（1）从点滴小事做起，积少成多，积善成德。

（2）见贤思齐，向榜样学习。

（3）养成自我省察的习惯——自省和慎独。

设计意图：通过引用《大学》中的原文，进一步说明修身为本的思想，帮助学生更好地理解"止于至善"的人生境界。

四、附录

◎　**学生演讲稿（一篇）**

　　初二（1）班　张宸熙

各位老师和同学：

　　大家好！

　　古往今来，凡是品德高尚的人，都是为人诚实、做事脚踏实地的，晏殊便是其中之一。晏殊这个名字想必大家都不陌生。今天，我就给大家讲一个关于晏殊的小故事。

　　北宋时期的文学家和政治家晏殊，14 岁被地方官作为"神童"推荐给朝廷。他本来可以不参加科举考试便得到官职，但他没有这样做，而是毅然参加了考试。事情十分凑巧，那次的考试题目是他曾经做过的，得到过好几位名师指点。这样，他不费力气就从一千多名考生中脱颖而出，并得到了皇帝的赞赏。但他并没有因此而洋洋自得，相反，他在接受皇帝的殿试时，将情况如实地告诉了皇帝，并要求另出题目，当堂考他。皇帝与大臣们商议后出了一道难度更大的题目，让晏殊当堂作文。结果，晏殊的文章又得到了皇帝的夸奖。

　　晏殊当官后，每日办完公事，总是回到家里闭门读书。后来皇帝了解到这个情况，十分高兴，就点名让他做了太子手下的官员。当晏殊去向皇帝谢恩时，皇帝称赞他能够闭门苦读。晏殊却老实地解释说："我不是不想去宴饮游乐，只是因为家贫无财，才不去参加的。我是有愧于皇上的夸奖的。"皇帝更加赞赏他，称赞他既有真才实学，又质朴诚实，是个难得的人才，过了几年便把他提拔上来，让他当了宰相。

晏殊的故事给了我极大的震撼。北宋时期，由于实施重文轻武政策，朝廷增加了科举考试的录用名额，但贸然参加科举考试依旧有被淘汰的风险。晏殊作为一名神童，本可以通过地方官员的举荐直接做官，他却并没有走捷径。他以平常心对待自己的天资，脚踏实地、一步一个脚印地奋进着。面对科举考试中自己做过的题目，他没有隐瞒，而是主动请求皇帝更换一道更难的题目，从中可见他的诚实以及自信。他总是以诚待人，敢于对皇帝说出自己的真实情况，而不是对不符合实际的称赞受之坦然。这样的态度，使得皇帝更加重视他，从而为他的官职晋升奠定了强有力的基础。

晏殊的经历启示我们：一味遵循形式主义、忙于表现自己的辩词终究是苍白无力的。不卑不亢、真诚待人的人方能笑到最后。而他的经历背后的中华传统美德也必将得到传承，孕育中华民族的未来。

我的演讲到此结束，谢谢大家！

革故鼎新——如何正确认识中华优秀传统文化

胡绍弘

◎　　学科：思想政治
　　　学段：高二年级

◎　　中华思想文化术语

【革故鼎新】革除旧事物，创建新事物。"革"与"鼎"是《周易》中的两卦。在《易传》的解释中，革卦下卦象征火，上卦象征泽。火与泽因对立冲突不能维持原有的平衡状态，必然发生变化。因此革卦意指变革某种不合的旧状态。鼎卦下卦象征木，上卦象征火。以木柴投入火中，是以鼎烹饪制作新的食物。因此鼎卦象征创造新事物。后人承《易传》之说，将二者合在一起，代表一种主张变化的世界观。

◎ 课 例

一、设计思路

本单元以国家思想政治课程为依托，以央视综合频道大型文化节目《典籍里的中国》为载体，以"如何正确认识中华优秀传统文化"为主线，将"革故鼎新"这一思想文化术语包含的精神融入课堂中。

学完本框题，学生能够"辩证地看待传统文化，领会对中华优秀传统文化进行创造性转化、创新性发展的重要意义"，树立正确的文化观，增强文化自信，激发爱国热情，自觉做中华优秀传统文化的传播者、传承者，主动参与文化创新。

二、教学背景

（一）教学内容分析

人教社部编版《普通高中教科书 思想政治 必修4 哲学与文化》的第七课"继承发展中华优秀传统文化"，围绕中华优秀传统文化，讲述了文化的内涵与功能，区分了文化与文明，阐明了文化的载体，强调了文化的功能；讲述了中华优秀传统文化的主要内容和特点，强调了中华优秀传统文化的当代价值以及如何创造性转化、创新性发展，大力弘扬以爱国主义为核心的伟大民族精神。本课的目的是帮助学生树立马克思主义文化观，继承中华优秀传统文化，弘扬民族精神，坚守中华文化立场。

（二）学情分析

本节课授课对象是高二年级的学生，他们初步具备分析社会现象的心智和能力，能够通过搜集资料对比、归纳总结、分析等方法对社会现

211

象做出基本评价和理解。

高二年级的学生对于新知识保持好奇心，但是缺乏思维的广度和深度，需要教师通过情境材料的选取、知识的建构、问题的启发、思辨能力的培养等方式帮助他们深度学习。

高二学生能够自觉预习，尝试过绘制思维导图，但是思维能力有限，考虑问题不够全面。能提出问题，但不善于表达。曾参与议题商议、辩论，已具备合作探究、搜集整理分析资料的基本能力。学生对《典籍里的中国》很感兴趣，对中华优秀传统文化有一定的求知欲。

（三）教学目标

1. 了解中华文化的形成过程，了解中华优秀传统文化的主要内容和特点，把握中华优秀传统文化的当代价值。

2. 能够结合实际阐述中华优秀传统文化的特点，阐述中华优秀传统文化的当代价值，并能在如何发挥其价值方面有自己的思考。

3. 通过对本框内容的学习，深入认识中华文化强大的凝聚力和连续性，全面了解中华优秀传统文化的特点和当代价值，激发民族自信心和自豪感，增强学习和传承中华优秀传统文化的责任感。

（四）课时安排

1 课时。

（五）教学难点重点

教学重点：

了解中华优秀传统文化的主要内容和特点。

教学难点：

把握中华优秀传统文化的当代价值。

三、教学过程

（一）环节一：体系建构，新课导入

教师活动：

1. 分析第七课三个框题之间的关系，从"文化总论"到"中华文化"再到"民族精神"的知识逻辑。

2. 播放《典籍里的中国》宣传片。

教师：

《典籍里的中国》，聚焦中华优秀文化典籍，展现典籍里蕴含的中国智慧、中国精神和中国价值。今天，我们一起打开典籍、对话先贤，思考中华文化缘起何处，迈向何方，探讨中华传统文化的当代价值。

学生活动：

1. 了解第七课三个框题之间的联系。认识到第一框是文化总论，第二框和第三框都涉及中华传统文化，第三框讲民族精神。本框题在教材中有着承上启下的作用。

2. 观看视频，思考《典籍里的中国》与本节课"正确认识中华优秀传统文化"的联系。在问题引导下，结合预习，思考中华文化的形成与发展、中华文化的出路和当代价值等。

设计意图：从培养学生的政治学科知识体系、学科思维能力出发，整合学科知识，实现学科内容从"碎片化"走向结构化，进而培养学生的学科核心素养。用学生熟悉的文化节目《典籍里的中国》导入新课，贴近学生生活实际，考虑了学生的兴趣，能激发他们的学习动机，取得事半功倍的效果。

（二）环节二：议题讨论

教师活动：

1. 子议题一：中华文化有何内容？

2. 议题情境：《典籍里的中国》十期节目分别所表达的主旨思想。

3. 提出议学任务：商议："材料体现了中华文化的哪些内容？还有哪些？"引导学生结合预习分析材料，小组代表发言后，归纳总结。

4. 议题小结：中华传统文化的主要内容。

学生活动：

1. 课前预习：中华传统文化的三大主要内容——核心思想理念、中华传统美德和中华人文精神。

2. 议学活动：小组内合作商议，完成议学任务。

小组代表发言后，总结归纳，深化认识，知道中华传统文化是什么。

设计意图：以"议题描述：中华文化有何内容？"的形式，让学生从《典籍里的中国》入手，了解十期节目的主旨思想，通过小组合作商议的方式，分析出材料所体现的中华传统文化的主要内容。这一过程，既检测了学生的课前预习效果，又锻炼了学生阅读材料、提取关键信息的能力，同时培养学生的团队合作意识和语言表达能力。更重要的是，学生能够了解中华典籍的博大精深，增强作为华夏儿女的自豪感和自信心。

（三）环节三：议题论证

教师活动：

1. 子议题二：中华文化缘起何处？

2. 议题情境：典籍与中华文化起源的关系。

3. 展示议学材料：见教师课件，此处略。

4. 提出议学任务：商议："为什么说中华文化源远流长、博大精深？

中华文化是怎样形成和发展的？取得了哪些重要成就？地位如何？"

议学提示：展示四大文明古国的发展历程对比表格，帮助学生更加深入理解"源远流长"。

追问：中华传统文化还有哪些重要成就？

5. 议题小结：中华传统文化的形成和特点。

学生活动：

1. 议学活动：课前预习，研读课件材料，注意关键信息，明确议题任务，小组合作搜集资料，对比四大文明古国的发展历程，梳理中华文化的重要成就和主要内容，感受中华文化的源远流长和博大精深，及中华文化的包容性。

2. 小组代表发言后，学生总结归纳，深化认识，知道中华优秀传统文化是怎样形成的，以及源远流长、博大精深的原因。真正认识到中华优秀传统文化是中华民族的突出优势、是我们最深厚的文化软实力。

设计意图：以"议题论证：中华文化缘起何处？"的形式，让学生课前查阅相关资料，了解十大典籍的成书时间，知道四大文明古国的发展历程，对比得知：中华文化源远流长。在梳理中华文化的重要成就和丰富内容后，感受到中华文化的博大精深。增强学生的文化自信，培养科学精神，点燃学生的爱国热情，并为下节课讲弘扬中华优秀传统文化这一内容做好铺垫。

（四）环节四：课堂辩论

教师活动：

子议题三：中华文化迈向何方？

1. 议题情境：传统文化是财富还是包袱？

2. 提出议学任务：

——有人说传统文化对现实生活而言是财富，有人说是包袱。商议：

"你怎么看这两种观点？说说你的理由。"

——组织学生开展辩论：正方：传统文化是财富。反方：传统文化是包袱。请两个小组分别派代表作为辩手，展开微辩论，各抒己见，据理力争，要求：简明扼要，正确运用学科知识。

——归纳：如何正确对待传统文化？中华优秀传统文化有哪些当代价值？

3.引导归纳：中华优秀传统文化的当代价值。

学生活动：

1.课前预习：知道中华传统文化由于各种因素的影响，不可避免地存在陈旧过时或者已经成为糟粕性的东西，所以对待中华传统文化应该坚持：取其精华、去其糟粕；批判继承，古为今用；推陈出新，革故鼎新。课前搜集相关资料，找到论据，说明中华优秀传统文化在当代还有哪些重要价值。

2.议学活动：以小组为单位展开商议，提炼论点，寻找论据，借助学案上的鱼骨图梳理思路，为辩论做准备。八个小组分别商议，商议结束后，小组间流动观察，将相同意见合并。正反方分别选出两个辩手陈述观点。其他同学补充说明。辩论结束后，归纳中华优秀传统文化的当代价值。

设计意图：以"议题辩论：中华文化迈向何方？"的形式，引导学生在辨析中树立对待中华传统文化的正确态度，即取其精华、去其糟粕、推陈出新、革故鼎新。深入分析中华优秀传统文化在当今时代的价值，在此基础上，增强学生对中华优秀传统文化进校园、进教材、进课堂等政策的认同。教师引导学生树立正确的历史观、文化观，不忘本来，面向未来、立足当下实际，坚守中华文化立场，成为时代新人。

探寻中国传统节日春节的起源

王 蕊

◎　　学科：历史
　　　学段：七年级

◎　　中华思想文化术语

【春节】中华民族及海外华人最重要的传统节日。狭义的春节指农历新年第一个月的第一天，广义的春节是指从农历最后一个月的 23 日（祭灶）到新年第一个月的 15 日（元宵节）这一段时间。现代意义的春节实际上是古代一年之始与立春节气两者的混合。春节期间，人们会祭拜神灵和祖先，张贴春联和年画，置办年货，吃团圆饭，给压岁钱，除夕守岁，燃放爆竹，走亲访友，等等。它凝结着中国人的伦理情感、宗教情怀、生命意识，具有深厚的历史内涵和丰富的节俗内容。在伦理与宗教层面，除了祭祀，祈求祖先和神灵对家人的庇佑，春节更多体现了中国人对家族团圆、和睦及亲情的重视；在时间与生命意识上，在辞旧迎新、驱除邪祟的同时，表达人们对新年的祝福及对未来生活的美好期待。受中华文化影响，中国周边一些国家和民族也有庆祝春节的习俗。

◎ 课 例

一、设计思路

本节课以新课标中国历史课程为依托，以"探寻中国传统节日春节的起源"为主线，将中华思想文化术语"春节"中包含的文化精神融入到历史学习中。启发学生了解传统节日春节的由来和发展，和传统节日涉及的领域。

在本节课的实施中，不断向学生渗透正确看待中国节日文化的态度，即中国的节日文化是珍贵的民族文化遗产，是中华文化不可分割的一部分，反映了中华民族的道德观和价值观。

二、教学背景

（一）教学内容分析

本节课是人教社部编版《义务教育教科书 中国历史 七年级 下册》中的活动课"中国传统节日的起源"中的一部分，通过设计，重新整合成以"春节"为主题的完整课程。本节课课前对学生如何搜集资料进行指导，进一步提升学生自主学习的能力。在教学过程中，采取多种学习形式，如音乐演奏与鉴赏、诗歌赏析、春联设计、成果汇报、辩论等，在多学科融合的基础上，在丰富的活动中让学生了解中国传统文化，认同民族文化，渗透如何传承创新中国传统节日的方法。

（二）学情分析

七年级（初一）的学生在经过近一年的历史学习中，已具备一定的自主学习能力和史料阅读能力等，且在中国古代史经济文化领域的学习中，已经接触过部分传统节日的学习。

在对传统节日的态度上，受外来文化、外来节日的影响，学生对传统节日往往"熟视无睹"，对"洋节"（圣诞节、万圣节等）则充满了好奇。

（三）教学目标

1.通过分析天文、历法与节日的关系，理解中国传统节日是农业生产文明的产物。

2.带领学生分析不同类型的史料，培养学生史料实证素养。

3.运用图片、地图、文献资料等大量史料，引导学生探寻春节这一中国传统节日的起源、演变以及启发他们思考新时代如何传承创新中国传统节日。

4.通过本课学习，学生能够认识到中国传统节日凝结着中华民族的民族精神和民族情感，承载着中华民族的文化血脉和思想精华，是维系国家统一、民族团结和社会和谐的重要精神纽带，从而增强民族认同感和自豪感。

（四）课时安排

1课时。

（五）教学难点重点

教学重点：

了解中国传统节日春节的起源、历史演变及相关习俗。感受我国传统节日深厚的文化和历史底蕴。

教学难点：

培养学生对中华民族传统节日的热爱以及思考如何传承并创新中国优秀传统文化。

三、教学过程

（一）环节一：新课导入

请同学们欣赏《春节序曲》这一旋律明快，带有中华民族特色的歌曲。

教师提问：

同学们是否熟悉这一旋律？大家通常在什么时候可以听到这首歌？

学生回答：春节。

教师再次引导提问：

聆听这首歌曲，同学们可以想象一下：这首歌曲所展现的哪些场景？传达出了怎样的情感？

学生：通过赏析与想象，可以总体感知《春节序曲》所描述的热闹欢腾、喜气洋溢、敲锣打鼓、载歌载舞的场面。（有些同学还感受到了人们在节日里亲切的祝福，以及对美好明天的向往。）

教师借此导入：

春节，代表着辞旧年、迎新年，在中国人民的心中有着无法逾越的地位。中国传统节日起源于何时，又经历了哪些演变呢？今天我们一起进入新课《探寻中国传统节日春节的起源》。

（二）环节二：新课讲授

1. 中国"节"之解

（1）中国传统节日的起源与发展

出示材料：

《说文解字》中对"节"的解释：节，竹约。约，缠束也。以竹节的节引申出节制、管束的意思。

教师提问：

请同学们阅读材料，对"节日"做一定义。

学生回答："节日"就是自我节制、管束、停顿的日子。

教师引导：

中国的节日，一般都是停下手里的工作，通过特定的仪式，或是追思先人之德，或是闭门思过，或是饮酒叙旧……

春节从祭祖开始，清明思念祖先，端午思念古代诗人屈原，中秋怀念远在异乡的亲人……所有的节日都是要回到对先人、历史、经验的纪念和沉思上。

那么，在历史之初，中国的这些传统节日和什么有着密切的关联？

出示材料：二十四节气图和与之对应的不同节日古人生产活动图。

学生们通过观察图片进行总结：节日受天文历法影响，是古人农业文明的产物。

教师：出示中国传统节日发展的历史进程：

时间	特点	表现
先秦	萌芽	节日习俗大都建立在民间鬼神信仰的基础上。
汉	基本定型	主要节日如除夕、元旦、元宵、寒食、端午、七夕、重阳等都成为全民或全国性的节日。
魏晋南北朝	交融	民族大迁徙推动了民族文化的大交流，促进了节庆文化的融合。
唐宋	高峰	节日从禁忌迷信的神秘气氛中解脱出来，向礼仪性、娱乐性、养生性的方向发展，演变成为真正的良辰佳节。
明清	大发展	讲究礼仪性和应酬性，礼仪变成了礼俗。 明代沿海经济大发展，一些以个体农户经济为基础的节日风俗逐渐被人们所冷淡，游乐性继续发展。

请同学们阅读表格，总结中国传统节日发展的特点。

教师补充：

中国传统节日起源早，历史悠久，由宗教祭祀性质到娱乐化、大众化、礼仪化转变。

请大家回顾我们所学过的历史内容，进行知识联结，思考为什么传统节日在唐宋时期娱乐化，大众化走向巅峰。

学生：通过回忆唐宋的时代特征，可以得知，唐宋时期经济繁荣，社会物质基础丰富，风气开放，宋朝市民阶层兴起，对节日文化的需求更趋平民化以及政府的支持。

请学生思考：为什么我们要学习中国传统节日，为何我们要继承与发扬中国的节日文化？

出示材料：散文《节日是一个民族的根基》（作者于坚）的最后一段：

节日是一个民族的根基，失去了节日的民族那就是失去了图腾的流浪者。窃以为，节日庆典祭祀，不能只是宣传活动或者放松、狂欢、旅游、看电视、吃一顿。这样的活动要有，但春节、清明那样深刻的追思反省式的节日更重要。仅仅将传统节日法定并不够，还要恢复节日的意义和细节，这需要全社会对节日的反思和具体的重建。

学生回答：中国传统节日有着悠久的历史，是一个民族和国家文化长期积淀的过程，是中国传统文化的重要组成，学习与传承节日文化有利于凝聚民族精神，增强大家对民族文化的自信心和热爱。

（2）春节的起源和发展

教师讲解春节的含义：

春节传统名称为新年、大年、新岁，但口头上又称过年。古时春节曾专指节气中的立春，也被视为是一年的开始，后来改为农历最后一个月的 23 日（祭社）开始。一般至少要到正月十五（上元节）

新年才结束，春节俗称"年节"，是中华民族最隆重的传统佳节。

学生活动展示：根据教师对春节所下定义，以及结合课前资料的整合，向其他同学展示并讲述，不同历史时期春节时间演变以及"春节"名称变革。

学生利用历史时间轴的方式进行展示。

用孟春（即正月）为正月。	用腊月（十二月）为正月。	统一六国后规定以十月为正月，汉朝初期沿用秦历。	汉武帝太初元年，天文学家落下闳、邓平等人制订了《太初历》，将原来以十月为岁首改为以孟春为岁首，后人在此基本上逐渐完善为我们当今使用的阴历（即农历），此后中国一直沿用夏历（阴历，又称农历）纪年，直到清朝末年，长达 2080 年。
夏朝	商朝	秦始皇	公元前 104 年

上日 元日 改岁 献岁等	三朝 岁旦 正旦 正日	元辰 元日 元首 岁朝	元旦 元 岁日 新正 新元	元旦 元日	元旦定义为西历1月1日，将农历正月初一改名为春节
先秦	两汉	魏晋南北朝时期	唐宋元明	清代	辛亥革命后

2. 中国节之"结"

（1）春节与习俗之结

出示诗歌：

三年除夜

【唐】白居易

晰晰燎火光，氲氲腊酒香。

嗤嗤童稚戏，迢迢岁夜长。

堂上书帐前，长幼合成行。

以我年最长，次第来称觞。

七十期渐近，万缘心已忘。

不唯少欢乐，兼亦无悲伤。

素屏应居士，青衣侍孟光。

夫妻老相对，各坐一绳床。

爆竹行

【宋】范成大

岁朝爆竹传自昔，吴侬政用前五日。

食残豆粥扫罢尘，截筒五尺煨以薪；

节间汗流火力透，健仆取将仍疾走；

儿童却立避其锋，当阶击地雷霆吼。

一声两声百鬼惊，三声四声鬼巢倾；

十声百声神道宁，八方上下皆和平。

却拾焦头叠床底，犹有余威可驱疠；

屏除药裹添酒杯，昼日嬉游夜浓睡。

元日

【宋】王安石

爆竹声中一岁除，

春风送暖入屠苏。

千门万户曈曈日，

总把新桃换旧符。

活动：大家走进唐宋春节，感受古人过节的气氛。从诗歌中看，他们有什么庆祝活动？

学生：根据诗词中的关键词"燎火光""腊酒香"猜测春节要点燃祭祖的蜡烛并将祭酒摆上祭台，说明春节继承了祭祀祖先的传统。"长幼合成行……次弟来称觞"描绘了晚辈为长辈、年幼者为年长者敬酒的场景，说明有拜年的习俗。"岁朝爆竹传自昔"则描绘了春节放鞭炮的习俗。"总把新桃换旧符"是贴春联的场面。

教师：

流传至今，春节的传统习俗发生了哪些变化？同学们通过查阅史料，做了梳理与总结，请派代表为大家展示。

学生活动：出示时间轴并讲述历朝历代春节习俗的演变。

酿酒宰羊欢聚	祭祖	形成除夕守岁的习俗	除登门拜年，还发明一种"拜年帖"，叫飞帖。	过年开始吃饺子，宋朝称饺子为"角子"。除夕、春节放爆竹之俗便逐渐盛行。	一直延续至元宵佳节才算结束，猜灯谜是甚为流行的取乐方式。
先秦	汉朝	魏晋	唐朝	宋代	清朝

教师：

通过同学们的分享，我们不难发现，随着经济的发展，春节习俗也在不断变化；但这蕴含着中国人民智慧、寄托着中国人民美好希冀的节日习俗，并未因社会变化而流逝，而是被人们传承下来。

活动："说说我家乡的春节习俗"，请同学们分享自己的春节故事。

同学们纷纷分享自己春节的照片，讲述春节难忘的故事：腊八粥，糖瓜粘，贴春联，团圆饭，看春晚，走亲拜年，等等。

教师：

我发现同学们说起过春节，每个人都笑意盈盈，洋溢着喜气。尤其说到拿红包的时候，更是开心。其实，不仅是"压岁钱"，春节的很多习俗，背后蕴含的都是"情"字。有长辈对晚辈的关心关爱之情，有晚辈对长辈的敬爱之情……春节已经不再只是一个单纯的节日，它是外出游子踏上回乡列车的欣喜，是家中老人等待团圆的迫切，是所有人对美好一年的希冀。

（2）世界共度中国年

教师展示芬兰的罗瓦涅米、德国的迪特福特等地的居民过春节的图片。

教师讲解：

我们已经"阻止"不了外国人过春节了……随着中华文化的普及，近些年，外国的春节年味也越来越浓了。每年一到春节，迪拜就会为中国人准备各种的春节活动。中国的春节风还吹到了世界上唯一一个官方认可的圣诞老人的故乡——芬兰的罗瓦涅米。一到春节期间，那里的圣诞老人们也像模像样地过起了中国节日。在德国迪特福特，如果你去了，可能会以为自己穿越到了中国古代——每到这个时候，当地的居民们就会放鞭炮、跳龙舞、穿唐装，走上街庆祝这个狂欢节，小镇到处都洋溢着浓浓的中国节日氛围。究竟是什么样的魔力能让他们坚持这么多年？就是因为崇拜中国文化。

由此可见，随着中国实力的提升，我们中国优秀传统文化的影响力已经开始辐射到世界各个角落，中华文化的深厚底蕴和独特魅力被世界所知，中国自信越来越体现在文化自信上。

3.中国节之未来

教师：

如今我们正处在开放的时代，一些外国的节日也渐渐流行，如圣诞节、万圣节、愚人节等。有些孩子追求洋气而对中国传统节日不屑一顾，对于这种现象，你有什么看法？

学生讨论，达成共识：在经济全球化的大背景下，国与国之间的交流往来愈发密切，我们要在热爱本国文化的基础上，将中国文化良性输出。面对不同国家文化的冲击，我们要保持文化自信，尊重各国不同文化，兼收并蓄。

教师：

那么我们该如何继续传承千年的节日文化，让悠久的"春节"文化焕发生机？

学生：遵守传统节日的习俗和礼仪，参加春节的庆祝活动，给春节注入时代气息（用网络新科技，让节日气息富有时代感），等等。

（四）环节四：总结

出示材料：习近平总书记在 2019 年亚洲文明对话大会开幕式上的主旨演讲：

中华文明是在同其他文明不断交流互鉴中形成的开放体系。从历史上的佛教东传、"伊儒会通"，到近代以来的"西学东渐"、新文化运动、马克思主义和社会主义思想传入中国，再到改革开放以来全方位对外开放，中华文明始终在兼收并蓄中历久弥新。亲仁善邻、协和万邦是中华文明一贯的处世之道，惠民利民、安民富民是中华文明鲜明的价值导向，革故鼎新、与时俱进是中华文明永恒的精神气质，道法自然、天人合一是中华文明内在的生存理念。

（五）环节五：作业设计

三选一：

1. 毛笔字书写一副春联或"福"字。

2. 设计春节相关书签。

3. 设计春节宣传 Logo。

历史上我们这样爱国

王　哲

◎　**学科：历史**
　　学段：九年级

◎　**中华思想文化术语**

【苟利国家，不求富贵】只求有利国家，不图个人富贵。这是中国传统政治思想中对于为官理政者的基本要求，其要旨在于提倡那种不谋私利、一心为公、勇于担当、甘于奉献乃至自我牺牲的精神。

◎　课　例

一、设计思路

"苟利国家,不求富贵"这一思想文化术语紧扣初中历史课程目标要求,体现历史课程的育人功能。

本课围绕"苟利国家,不求富贵",精选主题教学素材,以爱国为主线,回顾中国古代史和中国近现代史的重大历史事件和主要历史脉络,培养学生的核心素养,引导学生树立正确的历史观、民族观、国家观、学习观。

本课先以一道模拟题目为切入点,请同学们找出名言的共同点,从而导入爱国主题。随后通过阅读背景材料,找到爱国诗句的创作背景,促使学生将爱国之情与历史时空进行对应,在夯实史实基础的同时培养他们史料实证的历史素养。接着,引导学生回顾古代史中其他体现爱国主题的史实,再一次完成对中国古代史的完整回顾。

之后,组织学生研读青年毛泽东阅读过的书籍,了解他的救国实践,培养学生概括历史线索的学科能力,也以此帮助学生理解爱国行为具有时代性、受到历史环境的影响。

最后解释近现代史不同时代的爱国行为,帮助学生从历史背景出发分析历史人物的行为,提高学生的历史理解和历史解释的能力。

整节课均以爱国作为主线,以时代发展作为暗线,通过两个线的推动,凸显爱国的时代特征,引导学生多角度认识爱国行为,同时帮助学生认识爱国行为具有时代性。

二、教学背景

（一）教学内容分析

本节课是一节九年级（初三）的复习课，以爱国作为知识复习的大概念线索。教学内容涵盖中国古代史、中国近现代史，包括汉武帝时期北击匈奴、宋金对峙、戚继光抗倭、林则徐虎门销烟、中国近代化探索历程、抗日战争、新中国建设等，体现了初三历史复习阶段知识的综合性和概括性。重组知识呈现方式，帮助学生在打破原有教材编写限制的同时回归主干知识，将复习知识与提升能力在课堂上完美结合，达到"减负增质"的效果。

（二）学情分析

初三学段的学生已掌握历史知识的主线，对于本节课涉及的基础知识掌握程度较高。但是对于知识点的机械记忆，也导致部分同学失去对于历史的探求热情，也就失去了从历史中体会何为爱国、如何爱国的可能，爱国成为口号，难以落实为行动。

（三）教学目标

1. 通过习题和知识讲解，回顾中国古代史、中国近现代史的重大历史史实。

2. 通过爱国诗句、爱国故事激发学生的爱国之情，同时也说明了在不同时代、不同身份有不同的爱国行为。

3. 借助历史人物求学救国的历程引导学生树立正确的学习观。

（四）课时安排

1课时。

（五）教学难点重点

教学难点：

树立正确的学习观。

教学重点：

以爱国为主线回顾中国史主干知识，以史实激发学生爱国之情。

三、教学过程

（一）环节一：爱国诗句导入

材料一：

①匈奴不灭，无以家为也。——[西汉]班固《汉书·霍去病传》

②位卑未敢忘忧国，事定犹须待阖棺。——[南宋]陆游《病起书怀》

③封候非我意，但愿海波平。——[明]戚继光《韬钤深处》

④苟利国家生死以，岂因祸福避趋之。——[清]林则徐《赴戍登程口占示家人二首》

教师提问：

这些名言有什么共同点？

学生回答：这些名言能体现出历史人物对国家的热爱之情，都属于爱国名言警句。

（二）环节二：中国古代史中的爱国史实

教师提问：

请同学们将刚才的爱国名言对应到正确的历史背景中（填写序号），并说明理由。

历史背景	爱国名言
汉武帝时代北击匈奴	
宋金对峙	
戚继光抗倭	
林则徐虎门销烟	

找一位同学上台书写，并说明一组理由。

学生：①②③④。①提到"匈奴未灭"材料的时间是西汉时期。西汉初年，北方强大的游牧民族匈奴，威胁到了中原地区汉朝的统治，于是汉武帝派卫青、霍去病、李广等人北击匈奴，取得了胜利。所以①对应的时代背景是汉武帝北击匈奴。

教师追问：

有人知道霍去病当时说这句话的原因是什么吗？

学生：当时霍去病屡立战功，汉武帝便将豪宅美女赐予他。他却拒绝了。汉武帝问原因，霍去病回答："匈奴不灭，无以家为也。"意思是我还没有剿灭匈奴，不用经营自己的家。表达了他以国家为重的爱国之情。

教师：

再请一位同学说一组理由。

学生：③作者是戚继光。"封侯非我意，但愿海波平"表达了他要抗击倭寇的决心，所以对应的背景是戚继光抗倭。

教师补充：

相传这句诗写在他的兵书上。"韬钤"泛指兵书，也指将军指挥的场所。戚继光担任登州卫指挥佥事时，生活平静，平时的工作仅是阅读兵书和操练军队，但他想到倭寇侵扰东南沿海，不甘于碌碌无为的生活，于是在兵书的空白处写下了这句诗。日后他兑现了诗中自己的诺言，成为著名的抗倭英雄。相信其他两句名言诗句也有作者创作的原因和背景，请同学们课下查阅，记录下来。我们发现这些名言都有共同的爱国情感内涵，同时也有相似的创作背景，那么这个背景是什么呢？

学生：国家面临威胁，诗人（将军）站出来表达保家卫国的情怀。

（三）环节三：伟人的青年时代

教师：

中国近代是屈辱与奋斗并存的时代，救亡图存是当时的核心任务。这次我们来看一下青年时代的毛泽东为救亡图存做了哪些努力。

材料二：

年份	年龄	事迹摘录
1907—1908 年	14—15 岁	从表兄处借了一些书，包括早期改良主义者郑观应所著《盛世危言》和冯桂芬所著《校邠庐抗议》，这些书介绍了"中体西用"的学习西方原则。毛泽东读了这些书，开阔了视野，萌发了爱国思想，激起恢复学业的愿望。
1910 年	17 岁	在东山学堂期间，读了表兄借给的关于康梁变法的书报。对《新民丛报》连载的梁启超《新民说》一文，看得非常用心，并写有批语。
1911 年	18 岁	到长沙，考入湘乡驻省中学堂读书。在这里，首次看到同盟会办的《民立报》，知道孙中山和同盟会的纲领，知道广州起义和黄花岗七十二烈士殉难的事迹。
1912 年	19 岁	由于第一中学课程有限，读了《通鉴辑览》以后，认为在校学习不如自学，便退学寄居在湘乡会馆，订了一个自修计划，每日到湖南省立图书馆读书。在自修的半年中，广泛涉猎十八、十九世纪欧洲资产阶级的社会科学和自然科学书籍。

（续表）

年份	年龄	事迹摘录
1913—1914 年	20—21 岁	考入湖南省立第四师范学校，后合并入湖南省立第一师范学校。学校的课程很多，毛泽东专心于哲学、史地、文学等。他注重自学，精心安排自学计划，读书不倦，有时通宵不眠。
1915 年	22 岁	陈独秀主编的《青年杂志》（一年后改名《新青年》）创刊。经（老师）杨昌济介绍，毛泽东成为《新青年》的热心读者，深受其影响。 毛泽东被选为湖南省立第一师范学校学友会文牍，负责起草报告，造具表册和会议速记。 毛泽东在湖南一师期间，十分重视锻炼身体，进行游泳、登山、露宿、长途步行和体操、拳术等各种体育活动。认为这些方法，既锻炼身体，也锻炼意志。
1917 年	24 岁	和（同学）萧子升步行漫游长沙、宁乡等五县，历时一个月，行程九百余里。这次长途旅行，用游学的方法或写对联送人以解决食宿。沿途接触城乡社会各阶层的人，了解一些风土民情，获得许多新鲜知识。 当选一师学友会总务兼教育研究部部长。并在学校组织夜间学习，毛泽东主讲历史常识课。 军阀混战期间，把学生志愿军组织起来，布防学校周边。逼迫溃军缴械投降。并组织妇孺救济会，救援受困的市民。
1918 年	25 岁	到北京统筹勤工俭学事宜。经杨昌济介绍，认识北京大学图书馆主任李大钊。征得蔡元培同意，被安排在图书馆当助理员。
1919 年	26 岁	5 月，北京学生联合会派邓中夏到湖南联络，向毛泽东、何叔衡等介绍北京学生运动情况，并商讨恢复和改组原湖南学生联合会问题。 湖南省学联刊物《湘江评论》创刊，毛泽东为主编和主要撰稿人。
1920 年	27 岁	毛泽东开始阅读李大钊、邓中夏、罗章龙等人介绍的马克思主义书籍，逐渐成为一个马克思主义者。 应陈独秀函约，创建长沙的共产党早期组织。
1921 年	28 岁	参加出席中国共产党第一次全国代表大会。

——根据《毛泽东年谱：一八九三—一九四九》（版本 著者）整理

教师提问：

结合我们所学的历史知识，请同学们回答：毛泽东在青年求学阶段阅读的书籍，涉及了哪些促进中国近代化的历史事件？

学生回答：《盛世危言》和《校邠庐抗议》涉及的是洋务运动，《新民丛报》涉及的是维新变法，《民立报》涉及的是辛亥革命，《新青年》涉及的是新文化运动，还有1919年的五四运动。

教师补充：

我们发现毛泽东阅读书籍的顺序，也是中国近代救亡图存和近代化探索的顺序，应该说毛泽东的思想转变经历了整个中国近代化探索的历程。那么为了救亡图存，毛泽东除了看报学习还做了哪些努力实践？请同学们在阅读再一遍材料，进行概括。

学生：学习看报，广泛阅读，上课学习和自己安排内容自学。

教师追问：

这些活动怎么体现他救亡图存的努力实践了？

学生：在开始读《盛世危言》那些书籍时丰富了毛泽东的眼界，同时也激发了他爱国热情，所以后来他看的书都是为了拯救中国而找寻出路，涉及政治、历史等多个方面，都是为了救国而读书的。

教师：

非常好。除了为救国而读书，毛泽东还有哪些实践活动？

学生1：参与学校实践活动，包括成为学友会文牍后来成为学友会总负责（总务兼教育研究部部长），并且还把自己的所学知识讲给别人听，传授知识，启迪更多的人。

学生2：他还注重身体锻炼，在保障身体健康的同时，还磨炼了意志。

学生3：他还参与社会实践，通过游学、调查，了解书本上学不到的知识。组织勤工俭学，参与《湘江评论》的撰稿，组建长沙早期党组织，直到参与建党。

教师：

我们可以发现毛泽东在求学和实践活动中都围绕着一个中心在展开，那就是救亡图存的历史使命。我们在学习过程中，是否也需要一种使命感？这种使命感可以让自己知道为什么要读书学习，从而坚定信心、坚持学习。当然不同的人在不同的时代有不同的爱国表现。

（四）环节四：不同时代的爱国行为

教师：

请阅读下面的材料，分析历史人物的行为是如何体现爱国情怀的。

材料三：

1944年6月7日，齐白石老人收到北平艺术专科学校的通知去领配给煤。该校在北平沦陷后已被日人操控，尽管当时的北平煤已很难买到，但他当即去信回绝："白石非贵校之教职员，贵校之通知误矣！"

材料四：

在1960年，为了改变国家缺油状况，决定自己开采油井，打响了"石油会战"。4月29日，1205钻井队准备往第二口井搬家时，王进喜右腿被砸伤，他在井场坚持工作。由于地层压力太大，第二口井打到700米时发生了井喷。危急关头，王进喜不顾腿伤，扔掉拐杖，带头跳进水泥浆池，用身体搅拌水泥浆，最终制服了井喷。

材料五：

    2003 年抗击"非典"中，钟南山不顾生命危险救治危重病人，奔赴疫区指导医疗救治工作，倡导与国际卫生组织合作，主持制定我国"非典"等急性传染病诊治指南，为战胜"非典"疫情做出重要贡献。新冠肺炎疫情发生后，他敢医敢言，提出存在"人传人"现象，强调严格防控，领导撰写新冠肺炎诊疗方案，在疫情防控、重症救治、科研攻关等方面做出杰出贡献。

学生 1：齐白石老人在抗日战争期间，保持民族气节，即便生活困难也不领日本侵略者配发的煤，体现了高尚的爱国情操。

学生 2：材料四说的是"铁人"王进喜的事迹，在新中国建设时期，中国工业基础薄弱，正是王进喜这一代新中国建设者的努力拼搏，让中国的重工业从无到有，这种精神体现了爱国精神。

学生 3：材料五是钟南山的事迹，在新冠疫情期间，投入到治病救人的工作中，体现了舍小我为国家的爱国情怀。

教师：

    可见无论是古代史还是近现代史，爱国始终是我们国家、我们民族延续发展的精神内核。在初三阶段，也许同学们会觉得每天学习很辛苦、很枯燥，但是想一想自己的学习成果在日后将成为报效祖国的力量，你现在的付出就都是值得的。历史告诉我这种"苟利国家，不求富贵"的精神品格将一代代传承下去。

成

人

陈克兢

◎　　学科：德育
　　　学段：高三年级

◎　中华思想文化术语

【成人】具备了健全德性与全面技能的人。在古人看来，"成人"的标志并不是年龄的增长所带来的身体的成熟，而是通过学习、修养获得了健全的德性和全面的技能。"成人"需要具备智慧、勇气，能够节制自己的欲望，并掌握各种技能，从而恰当地应对、处理生活中的各种事务，使自己的言行始终合于道义。

【冠礼】加冠之礼，即成人礼，是古代人伦生活中的一项重要礼仪。按照古礼的规定，男子在二十岁时行"冠礼"。在行礼过程中，男子要依次被授予、佩戴不同的冠帽，因此有"冠礼"之名。"冠礼"是成人的标志。成人不只是身体的成熟，还意味着道德人格的确立。"冠礼"的完成昭示着行礼之人开始以独立的身份承担人伦生活中的各种责任，并具备了参与各种重要礼仪活动的资格。

◎　课　例

一、设计思路

《中华人民共和国民法典》第十七条规定：十八周岁以上的自然人为成年人。不满十八周岁的自然人为未成年人。《中华人民共和国宪法》规定：年满十八周岁的公民，都有选举权和被选举权。

高三的学生大部分在毕业时年满十八周岁，因此在高中阶段开展成人教育、组织召开成人仪式，使学生逐步树立正确的人生观、世界观、价值观，是高中阶段不可或缺的重要教育内容。

二、教学背景

（一）教学内容分析

古代成人礼非常的神圣，被视为人生四大礼之首，通过繁复的仪式从而约束、促使青少年成长为符合儒家文化道德观念的真正成年人。现代成人礼是在学生满十八岁时举行的象征迈向成人阶段的仪式，通过一定的仪式作为成人的标志，社会予以承认又予以管理和约束，更为重要的是通过成人礼，唤起青少年的责任感，特别是社会责任感，从思想意识上真正做好成人的准备。

（二）学情分析

十八岁是成人的重要标志和生活的新起点，是一个人从未成年向成年转变、身心发生质变、世界观、人生观、价值观初步形成的关键期，是被无数教育家所公认的人的"第二次诞生"。高三的学生大部分在毕业时将年满十八周岁，因此在高中阶段开展成人仪式教育，使学生逐步树立正确的人生观、世界观、价值观。

（三）教学目标

1.通过赏析掌握我国古代和近现代服饰艺术的发展、了解古人自喻的情怀、熟悉古代自喻诗的特点，培养学生热爱祖国、保护文化遗产的思想情感。

2.掌握与自己日常生活和学习密切相关的校园礼仪、家庭礼仪和社会礼仪等方面的知识。

3.通过成人礼服、献礼成人仪式等内容学生能够表达自己的个性，丰富校园生活，提升创新精神和实践能力。

（四）课时安排

4课时。

（五）教学难点重点

诗歌创作与大胆的表达。

三、教学过程

（一）导入：古代"成人礼"

我国成人礼始于周代，被视为"礼之始"。男子为"冠礼"、女子为"笄礼"。

《仪礼·士冠礼》中描述的"加冠礼"是成人仪式的主体部分，冠者根据自己的身份地位加换不同的冠帽及服饰，仪式复杂程序讲究。由此可见服饰是古代冠礼仪式的重要体现，人们通过服装传递了对即将成年的美好期盼。

（二）选择成人礼服

1.服装赏析

（1）原始人服饰艺术欣赏

（2）唐代服饰艺术欣赏

（3）宋代服饰艺术欣赏

（4）明清服饰艺术欣赏

（5）中国少数民族服饰欣赏

（6）中国近现代服饰艺术欣赏

2. 服饰的搭配

（1）服装尺寸与款式：根据个人的身材比例、体型的胖瘦、高矮等。

（2）服装款式要大方：结合仪态、环境、性格等。

（3）穿着要适时、装饰要适度：体会不同季节、不同的流行趋势带来的影响。

（4）色彩的搭配：重点关注色调和色彩情感。

（5）讨论：成人礼上是否应该穿校服？

3. 自己选择一件适宜的成人礼服。

（三）献礼成人

1. 冠字封号，追寻美好。

成人礼会场对联创作：横批：_____

上联：_____

下联：_____

2. 诗写青春，献礼成人。

诗歌赏析：

《劝学》

唐·孟郊

击石乃有火，不击元无烟。

人学始知道，不学非自然。

万事须己运，他得非我贤。

青春须早为，岂能长少年。

《偶成》

宋·朱熹

少年易学老难成，一寸光阴不可轻。

未觉池塘春草梦，阶前梧叶已秋声。

诗句摘录：

路漫漫其修远兮，吾将上下而求索。（战国·屈原）

老骥伏枥，志在千里；烈士暮年，壮心不已。（三国·魏·曹操）

疾风知劲草，板荡识诚臣。（唐·李世民）

洛阳亲友如相问，一片冰心在玉壶。（唐·王昌龄）

生当作人杰，死亦为鬼雄。（宋·李清照）

不要人夸颜色好，只留清气满乾坤。（元·王冕）

（也可以引入现代诗或者与成长相关的歌词，此处略。）

教师指导学生对诗歌创作技巧进行总结，然后布置写作任务：

十八岁是人生中一个非常重要的时间节点，也是你自己的人生里程碑，在这个时间你肯定有很多的感慨，请你写一首诗或者一段抒情的文字，抒发自己的志向情操，自我激励，题目自拟，现代诗、拟古体诗均可。

备选题：选择一两个合适的主题词，为成人礼写一段开场白，要求有文采有感染力，200字左右。

（四）班会：做知书达"礼"人

我国自古以来就有"礼仪之邦"之称，礼仪文化源远流长，如孔融让梨，尊敬长辈名扬天下；张良三次拾履获得兵书，终成大军事家；

尊师典范杨时"程门立雪"，学有所成，成了国家的有用之才；等等。礼仪是一种修养，一种气质，一种文明，在当代仍然在人与人交往中必不可少。让我们一起学习礼仪知识，向不文明行为告别。

1. 各班组织开展"学礼仪、讲美德，做文明学生"主题班团会，进行大讨论。

2. 举行"中华传统美德"专题讲座，对学生进行民族精神和文化精神的教育，使学生建立文明意识。

3. 从孝敬父母、尊敬老师、关爱伙伴入手，开展"尊长互敬伴我行"活动。

（五）成人礼典礼

暖场视频：《我们的高中生活》

1. 第一篇　青春

（1）歌曲表演唱：《最好的我们》

（2）小合唱：《起风了》

（3）配乐诗朗诵：《1 班的日子》

2. 第二篇　感恩

（1）家长代表发言

（2）家长和学生互换信件

（3）男生合唱：《听妈妈的话》

（4）教师代表发言

（5）来自班主任的祝福

（6）为全体教师献花

（7）小品：《光阴的故事》

3.第三篇　责任

（1）校长致辞

（2）校长为每位同学颁发成人卡，学生走过成人门

（3）成人宣誓：团委书记领誓

4.第四篇　梦想

小合唱：《夜空中最亮的星》

5.宣布结束

四、附录

主持人：A—潘浩哲　B—郭雪莹　C—胡兆华　D—王箫

A：尊敬的各位领导，老师，家长朋友们，亲爱的同学们，

合：大家早上好！

B：远去了童年的烂漫，淡去少年的轻狂，

C：已然流逝的十八年，我们一天天成长。

D：来吧，同学们，让我们青春飞舞，

A：让我们心怀感恩，

B：让我们勇担重任，

C：让我们追逐梦想。

D：下面我宣布——"礼赞青春，逐梦未来"北京市第六十五中学高三年级成人典礼——

合：现在开始！

B：今天，高三年级所有任课的老师也来到了这里。

C：今天，我们的家长也来到了这里。

D：让我们用热烈的掌声欢迎领导、老师和家长们的到来！

A：高中阶段是我们成长的关键阶段，回顾高中的点点滴滴，有汗水，有泪水，有喜悦，有收获。

B：下面让我们通过一段短片，一起回顾我们的三年高中生活。

B：透视人生，成长的书卷已是密密匝匝。我笑看门前花飞花落，天上云卷云舒。

D：且将新火试新茶，诗酒趁年华。在十八岁，我们用笔写下成长的

感悟，写下感恩的心意，写下我们年青的担当，今天，我们将以同学们的原创诗歌抒发胸臆，礼赞青春。

B：下面请欣赏一组诗朗诵。作者及表演者——高三四班关弘祥，高三一班林品萱、王涵，高三五班赵浠羽，高三六班杜芳瑄，高三四班吕佳怡、孙昊旸，高三三班方胤雄。

（朗诵略）

A：谢谢同学们的精彩表演。有关过去，有关未来，有关坚强，有关梦想，我们有话要说。接下来有请学生代表，高三一班孟若宜同学发言。

（发言略）

C：感谢孟若宜同学的发言。你是否也曾向往湛蓝天空的尽头的风景，是否也想过乘一叶扁舟跨越风浪驶向那条地平线？下面请欣赏诗朗诵：高三三班崔雨桐《远方》，高三二班张维佳《最好的时光》。

（朗诵略）

C：当我们生命的航船驶向新征程的时候，身后总有一股最坚定的力量在无条件地支持着我们，鼓励着我们。

D：十八载春秋，离不开我们最重要的人。是的，今天我们最亲爱的爸爸妈妈也来到了成人仪式的现场。下面有请家长代表高三五班向珈莹父亲上台发言。

（发言略）

A：谢谢向珈莹父亲。时间，换不回白马，我们就这样一天天长大；

B：时间，挽不回落花，六千多个日夜流淌过似水年华。

A：可还记得小时候的模样，可还记得那双温暖的大手。

B：可会记得校园金黄的银杏，洁白的玉兰花。

A：请欣赏歌曲《像小时候一样》。表演者方胤雄、胡兆华、黄司阳、张笑添、王怡人、张依、王箫、欧阳欣怡。

（演唱略）

A： 感谢同学们动听的歌声，给了我们别样的感动。

B： 载一脉馨香，封一纸信笺。一字一句都融入心底，一撇一捺都牵动着情愫。

A： 对父母，有些话总不知该如何开口。靠着这一封家书，和爸爸妈妈交换心里话吧。下面就请同学们和家长交换信件。

D： 我们沐浴着爱的阳光长大，多少次带着幸福的感觉进入梦乡，多少回含着感动的泪花畅想。

C： 谢谢你们，爸爸妈妈，因为有你们爱的呵护，永远是可以停泊的港湾，让我们的路走得格外踏实。谢谢您，亲爱的老师，因为有你们无私的付出，为我们拨开迷雾，让我们的路走得格外坦荡。我们怀着感恩的心，献上我们的心声。

D： 下面请欣赏诗朗诵: 高三三班邢沂《未来可期》,高三五班马雨馨《一路有你》，高三六班李雨薇《青春的感恩》。

（朗诵略）

B： 在今天这个重要的日子里，我们的老师们也为我们送上了他们的祝福！

A： 一份真挚的祝福，献给我们敬爱的您，一捧鲜艳的花束，献给我们最感谢的您。

B： 下面请老师们登台，由学生代表送上鲜花。

（献花略）

C： 告别浮躁、懵懂和迷茫，我们迎来了沉稳、睿智和坚定。

D： 告别了无知、幼稚和幻想，我们迎来了充实、从容和高昂。

C： 成年，是责任。

D： 成年，是担当。

C： 站在新的起跑线上，勇往直前。请欣赏接下来的一组诗朗诵，表演者高三四班宋治坤，高三一班陈泓羽，高三三班郭嘉毅，高三四班郭贺，高三五班徐云汉。

（朗诵略）

A： 我们的成长离不开父母、老师的教诲，更离不开学校对我们的培养。下面请卜校长致辞。

（致辞略）

C： 感谢校长对我们的殷切希望和谆谆教诲。我们已不再是父母膝下撒娇的孩子，而是一个有着公民权、有行为能力、要承担责任的成人。

D： 走进十八岁，我们年轻的心，从此承担起一份成人自立的庄严责任，下面，请全体同学依次迈过"成人门"，由卜校长为我们颁发成人卡。

（颁发环节略）

A： 迈过成人门，我们一步步走向成熟，用信念导航人生、用执着追求梦想、用平淡对待磨难、用努力追求幸福。

B： 让我们以成人的姿态、豪迈的语调庄严宣誓。下面，请全体起立面向国旗，由校团委书记陈晨老师带领我们宣誓。

D： 同学们请坐。十八岁的年代是个黄金年代。

B： 让十八岁与幼稚鲁莽告别，

D： 让十八岁与成熟睿智相约，

B： 让十八岁绽放生命最灿烂的微笑，

D： 让十八岁奏响人生最华美的篇章。

B： 最后，请欣赏由高三六班张汉明，高三一班潘浩哲，高三五班胡兆华同学带来的《敬：我的十八岁》。

（朗诵略）

A： 十八岁的我们，期待用激情编织最美好的未来。

B： 十八岁的仪式，则是我们迈向明天的新起点。

C： 青春不会寂寞，舞台永不落幕！

D： 同学们，让我们怀揣一颗渴望成功的心，勇敢地担起一份责任

A： 让我们将老师的教诲，家长的期望，同伴的祝福一起装进行囊，扬帆起航。

B： 我宣布"礼赞青春，逐梦未来"北京第六十五中学 2019 届高三年级成人典礼，

合： 圆满结束！